Wolfgang Schnepper | Manfred Claßen

Bambini/
F-Jugend

www.kinder-training.info

über 100 effektive Übungen

Die Autoren:
Manfred Claßen, Jahrgang 1966,
1980-1983 mehrfacher Juniorenauswahlspieler,
er erhielt zu der Zeit ein Angebot des
Bundesligisten Bayer Uerdingen,
1984 komplizierte Sprunggelenksverletzung und
das Ende seiner aktiven Spielzeit,
Fußballabitur 1986 mit der Note "sehr gut",
Trainer 1992-1996 zusammen mit Diplom-Sportlehrer
Wolfgang Schnepper im Gesundheitsstudio in Willich,
2004 bis heute Jugendtrainer, 2010 gründete er die
Informationsseite www.fussball-taktik.info

Wolfgang Schnepper, Jahrgang 1964, Diplomsportlehrer,
Ex-Bezirksligaspieler im Fußball,
1988-89 in der deutschen Triathlonspitze,
1990 Bayerischer Meister im Body-Building,
1998 Konditionstrainer im bezahlten Fußball

Bibliografische Informationen der Deutschen
Nationalbibliothek: Die Deutsche Nationalbibliothek
verzeichnet diese Publikation in der Deutschen
Nationalbibliografie; detaillierte bibliografische Daten sind
im Internet über http://dnb.d-nb.de abrufbar.

©2015 Manfred Claßen / Wolfgang Schnepper
Herstellung und Verlag: Books on Demand GmbH
Norderstedt
Satz und Layout: Manfred Claßen
Grafiken und Bilder: Manfred Claßen, coachfx
Covergrafik: © Bigstock

ISBN 978-3-7347-3513-4

Inhalt

Vorwort 9

Taktik im Kinderfußball 14
Ausgangssituation 14
Kinderfußball 14

Allgemeine Daten 16
Merkmale der Bambini / F-Jugend 16
Ziele des Bambinifußballs 16
Ziele des F-Jugendfußballs 16

Betreueraufgaben 17
Betreueraufgaben (Trainer/in) 17

Rahmenbedingungen 19
Beispiel für eine Bambini-
Spielfeldmarkierung 19
Das F-Jugendspielfeld 22

Spielregeln 23
Bambini und F-Jugend 23

Trainingsübungen für Bambini / F-Jugend 25
Begrüßungsphase 27

Übungen *fast* ohne fußballspezifischen Hintergrund
(Bambini / F-Jugend) 28
Wettlauf mit Turnmatten 28
Stationenlauf 30

Inhalt

Schattenlauf 32
Motor an 32
Blinder Floh 33
Der weiße Hai 33
Affenspiel 34
Kettenfangen 36
Schwänzchen fangen 37
Wettlauf 37
Ferkel will gefüttert werden 39
Ferkel will wieder Fußball spielen 42
Ferkel wird abgeschossen 42
Piratenspiel 42
Feuer-Wasser-Sandsturm 44
Ordnungshüter 44
Verirrte Eskimos 46
Wer hat Angst vor dem bösen Wolf? 46
Champions-League 46
Luftballonswettkampf 48

Nicht fußballspezifische Übungen 50
Steh Bock, lauf Bock 50
Fangt die Diebe 50
Kinderkegeln 51
Aufwärmspiel: Schweinchen in der Mitte 52
Aufwärmübung / Wurfübung /
Geschicklichkeit 54
Dribbel-, Finten, Torschussübungen usw. 55
Hütchenwald 58
Autorennen 60
Zielschießen 62
Liniendribbeln 66
Schusstraining unter Bedrängnis 71

Inhalt

Übungsreihe zur Schulung des Vollspannstoßes 76
Dynamische Trainingsübung 77

Übungsreihe zur Schulung des Innenseitstoßes 79
5 gegen 2 79

Übung zur Schulung der Passgenauigkeit
und der fußballspezifischen Ausdauer 81

Weitere Dribbelwettkämpfe und Torschussübungen 84

Kleine Übungsreihe für Finten 88

Übungsreihe für Übernehmen / Übergeben 91

Aufwärmübung mit Training für das Kurzpassspiel 95

Torschussübung (F-Junioren) für die Halle 96

Trainingseinheit der fußballspezifischen Kondition 99

Eckballübung 100

Flankenübung 102

Übungsreihe in Bezug auf Stoppen, Kurzpass und
Einwurf (ab F-Junioren) 103

Kopfballspiel (ab F-Junioren) 104

Grundlagen-Schusstraining (ab F-Junioren) 105

Inhalt

Dribbeltraining 106

Konditionsübungen für Bambini/F-Jugend 108
Übungen zur Schulung der Reaktions-
und Antrittsschnelligkeit für Bambini-
und F-Junioren ohne Ball 109

Übung zur Schulung der fußballspezifischen Ausdauer,
Technik etc. 113

Literaturverzeichnis 115

Notizen 116

Vorwort

Dieses Buch entstand aufgrund der vielen Nachfragen auf unserer Homepage www.kinder-training.info. Wir wurden gebeten weitere Bücher für die Bambini und F-Jugend zu schreiben. Diesem Wunsch sind wir hiermit nachgekommen. In diesem Buch beschreiben wir über 100 Übungen für die kleinen Fußballer.

Verhaltensregeln und Grundsätze gegenüber den Kleinen, Taktik im Kinderfußball, Spielregeln usw. werden hier aber zunächst auch abgehandelt.
Diese Punkte sind im Kinderfußball von höchster Bedeutung und viele haben unsere Bücher „Bambini / F-Jugendtraining" oder F-Jugend / E-Jugendtraining" nicht gelesen.

Trainer/innen und Übungsleiter/innen haben in Bezug auf die Kleinen (Bambini und F-Jugend) eine extrem große Verantwortung, die von vielen Erwachsenen vollkommen unterschätzt wird.
Noch niemals zuvor haben so viele Mädchen und Jungen bereits im Vorschulalter Fußball gespielt. Wenn wir die Kinder in diesem Alter begeistern wollen, muss das Training vom ersten Moment an Spaß machen.
Wenn wir allerdings Inhalte und Methoden aus dem Jugendbereich auf den Bambinifußball kopieren, erreichen wir genau das Gegenteil, und die Anzahl fußballspielender Kinder schrumpft in meinem Verein zusehends.
Die ersten Eindrücke des Sport- bzw. Fußballvereins sind entscheidend für den sportlichen Werdegang der Kinder.
Bei einem inkompetenten Verhalten des Trainers, der Eltern,

Vorwort

der Betreuer usw. können die kleinen Sportler einen ablehnenden Ersteindruck bekommen, negative Erfahrungen sammeln und im schlechtesten Fall eine Aversion gegen jeden Fußballverein aufbauen.

Hier erkennen wir die große Bedeutung des richtigen, vor allem kindgerechten Verhaltens von Trainern und Betreuern, die oftmals überhaupt keine Ausbildung, kein fachspezifisches Wissen oder Menschenkenntnis (hier: in Bezug auf Kinder) besitzen.

Schon seit "eh und je" wurden Vorschulkinder häufig in Turn- oder Leichtathletikvereine geschickt, um die körperliche Entwicklung zu fördern und Bewegungsmängel vorzubeugen (manchmal bekannten sich Kinder dann erst viele Jahre später zu anderen Sportarten, bei Jungen war es meistens der Fußball). Die Kinder absolvierten dort Lauf-, Wurf- oder leichte Sprungübungen. Sie turnten und wurden mit leichten Ballspielen vertraut gemacht und auch das Fußballspielen war dabei.

Eine vielseitige motorische und muskuläre Entwicklung war gewährleistet, natürlich wurden damals wie heute viele pädagogische und methodische Fehler gemacht.

Deswegen brauchen wir besonders im Kinder- und Jugendbereich qualifizierte Kräfte (es muss hier natürlich keine offizielle Ausbildung sein).

Heute kommen immer mehr Kinder direkt zum Fußball, was für die Trainer/innen eine große Verantwortung für das gesundheitliche Wohl der Kinder bedeutet. Ausgebildet für diese Tätigkeit sind nur wenige Übungsleiter/innen.

Vorwort

Der fußballerische Aspekt darf bei den Bambini nicht im Vordergrund stehen, sondern eine vielseitige Mobilität in Form von Laufen, Springen, Werfen, Ballspiele und Spiele unterschiedlichster Art. Die Kinder sollen hier eine grundlegende sportliche Ausbildung bekommen, wobei der Spaßfaktor und die Gemeinschaft im Vordergrund stehen. Hiermit wird die Basis für die weitere sportliche und soziale Entwicklung gelegt.

Die Bambini müssen das Gefühl vermittelt bekommen, dass sie von der Gemeinschaft gebraucht werden (was ja auch so ist), dass jeder ein wichtiges Mitglied der Mannschaft ist (unabhängig von der Leistung), und dass jeder Spieler ein gleiches Maß an Lob und Anerkennung von Eltern, Betreuern und Trainern verdient.

Merke: Die fußballerische Ausbildung darf bei den Bambini nicht im Mittelpunkt stehen, sonst hat dieses eventuell negative Auswirkungen auf die körperliche und seelische Entwicklung der Kinder. Im schlechtesten Fall wenden sich diese für immer vom Fußballverein ab oder die sportliche Leistungsfähigkeit entwickelt sich nicht optimal.

Der Trainer hat nun auch die wichtige Aufgabe, geschickt und freundlich, allzu ehrgeizige Eltern zu mäßigen, den Leistungsdruck fast ganz herauszunehmen, und Wettkampfspiele mit einem großen Spaßfaktor zu belegen. Es soll überwiegend in kleinen Gruppen gespielt werden.

 ## Vorwort

Die Kinder brauchen allerdings auch mehr als Fußbälle, Pylonen und Slalomstangen. Für die vielseitige Entwicklung sollten Bälle in allen möglichen Größen und Gewichten vorhanden sein. Weiterhin können Spielplätze mit leichten Kletterparcours, Reck (zum Schwingen und Hängen), Schaukeln, Rutschen, und ein kleiner Bolzplatz, Turnhalle mit Geräten wie Bällen, Turnmatten (für leichte Turnübungen wie Purzelbaum und Strecksprung), Seile zum Balancieren und Springen, Schaumstoffbälle für verschiedene Spiele (auch für z.b. Abwurfspiele und Kopfbälle), Tischtennisausstattung und auch Banalitäten wie Luftballons und Seifenblasendosen zur vielseitigen Entwicklung der Kinder hervorragend beitragen.

Diese vielseitige sportliche Betätigung und das Spielen in Gruppen ist unabdingbar zur Entwicklung der Motorik, Schulung von Sozialverhalten und Empathie, Vorbeugung von Haltungsschwächen und –schäden und zur Förderung einer sportlichen und menschlichen Persönlichkeit.

Die Übungen und Spiele dürfen für die Bambini nicht zu schwierig sein und auch keine hohe Konzentration erfordern, da sie sonst zu schnell ermüden.
Das Übungsangebot ist breit gefächert, muss ohne lange Erklärungen auskommen, und immer wieder die Phantasie und die Neugier der Kleinen wecken.
An dieser Stelle wird uns wieder einmal verdeutlicht, welche

Vorwort

Verantwortung und Wichtigkeit gegenüber dem Trainer oder der Trainerin im Bambinisport obliegen.

Merke: Schwierige technische Übungen, die Schulung irgendeiner Taktik, lange Erklärungen und aufkommende Langeweile haben bei den Bambinis nichts zu suchen.
Wenn die Bambini ein Fußballspiel durchführen und alle laufen immer Richtung Ball, dann lass sie. Intuitiv spielen sie im Prinzip modernen Fußball, nur das Verschieben ist noch sehr extrem.
Das Einhalten fester Räume ist kontraproduktiv für die Kleinen und widerspricht sogar dem modernen Fußball.
Weiterhin darf jedes Kind alle Positionen ausprobieren, die es mal spielen möchte.
Und selbst wenn alle Kinder Torwart spielen wollen, dann wird eben jedes Spiel der Torwart gewechselt.

 # Taktik im Kinderfußball

Ausgangssituation

Leider sieht man bei fast jeder Bambini- und F-Jugend-Mannschaft immer wieder eine Tendenz der Trainer, ihre Spieler mit starren Positionen zu belegen. Es heißt dann: "Du spielst hinten rechts, Du hinten links" usw. Im Spiel hört man dann: "Bleib hinten oder bleib vorne" etc.

Warum wird das so gemacht?

Warum versuchen Trainer, den jüngsten Mannschaften eine solche Struktur zu geben?

Was versprechen sich diese Trainer davon?
Wir wissen es nicht!!!

Machen wir mal einen großen Sprung in den **Jugend-bzw. Seniorenbereich.**

Hier versucht mittlerweile fast jeder Trainer seine Mannschaft modern spielen zu lassen. Es wird hier in der Regel sehr viel Wert auf taktische Verhaltensweisen gelegt. Geprägt wird der moderne Fußball besonders durch zwei elementare Verhaltensweisen:

1. ballorientiertes Verschieben
2. Abkehr von der Manndeckung

Kommen wir zurück zum **Kinderfußball:**
Durch die oben angesprochene Reglementierung der Spieler wird genau das verhindert, was wir später wieder mühsam trainieren müssen, und zwar ballorientiertes Verschieben und

 # Taktik im Kinderfußball

Raumdeckung, Übergeben, Übernehmen etc.

Lässt man die Kinder einfach intuitiv ihr Spiel machen, sehen wir Folgendes: Alle Spieler der Mannschaft (egal ob Ballbesitz oder nicht) verschieben Richtung Ball. Mit anderen Worten: Alle laufen hinter dem Ball her. Keiner (Ausnahme sind Kinder, die z.B. Blümchen pflücken oder sonstiges) bleibt irgendwo starr auf seiner Position. Alle haben Spaß und sind in ständiger Bewegung. Manndeckung gibt es bei diesem System nicht! Das heißt natürlich nicht, dass die Spieler keine Positionen bekleiden sollen. Vielmehr geht es darum, ihnen so viele Freiräume zu geben, wie möglich. Praktisch bedeutet dies, dass jeder Spieler (z.B. ein Abwehrspieler) sich ständig mit nach vorne und hinten einschalten sollte. Es reicht, einem Abwehrspieler zu sagen: "Wenn der Gegner den Ball hat, läufst du bitte nach hinten". Unsere Erfahrung hat gezeigt, dass Bambini - und F-Jugendspieler dies nach relativ kurzer Zeit umsetzen können.

 # Allgemeine Daten

Merkmale der Bambini / F-Jugend

Die Bambini sind sehr beweglich, doch ihre Muskulatur, Koordination und Konzentrationsfähigkeit sind noch relativ schwach ausgebildet.

Dafür besitzen sie einen enormen Bewegungs- und Spieldrang, eine ausgeprägte Phantasie und sind sehr neugierig.

Weiterhin haben sie eine hohe Ich-Bezogenheit und orientieren sich sehr stark an der Trainerin oder am Trainer.

Ziele des Bambinifußballs

Spaß und Freude stehen im Fußballtraining und Wettspiel im Vordergrund. Wir gehen auf die Wünsche und Bedürfnisse der Kleinen ein und schaffen vielseitige Bewegungsaufgaben.

Der Trainer oder die Trainerin fördert ihre Persönlichkeit und baut deren Selbstvertrauen auf.

Ziele des F-Jugendfußballs

Förderung des Spaßes am Fußballspielen steht weiterhin im Vordergrund, zusätzlich aber auch das Vermitteln der wichtigsten Fußballtechniken in der Grundform.

Auch die koordinativen und konditionellen Grundlagen werden gefördert.

 # Betreueraufgaben

Betreueraufgaben (Trainer/in)

- Nur, wenn die Erwachsenen den Kindern mit Offenheit, Herzlichkeit und Begeisterung begegnen, fühlen sich die Kinder wohl und sind gut aufgehoben.
- Die Kinder werden immer wieder gelobt und motiviert.
- Positive Werte und Charaktereigenschaften vorleben!
- Spaß und Freude vermitteln, Motivation wecken – eine Begeisterung für das Fußballspielen vorleben.
- Schwache Leistungen von Kindern werden nicht kritisiert.
- Allzu ehrgeizige Eltern werden vom Trainer oder der Trainerin freundlich aber bestimmend gedämpft.
- Negative Zurufe, von den Zuschauern und Eltern an die Kinder, den Schiedsrichter, die Betreuer oder den Trainer bzw. Trainerin, sind zu unterlassen. Hier müssen die Betreuer und Trainer freundlich eingreifen.
- Trainer, Betreuer und Eltern müssen Kindergeburtstage geschickt in den Trainingsbetrieb miteinbringen (dazu später mehr), denn ein Geburtstag ist für die Kleinen von höchster Wichtigkeit, und ein Tag, an dem sie besondere Aufmerksamkeit geschenkt haben wollen.
- Jedem Kind wird der gleiche Respekt zugesprochen.
- Gefährliche Übungen werden im Kindertraining nicht eingesetzt. Die Kleinen können eine Gefahr nicht oder nicht richtig einschätzen.
Hiermit sind z.B. gemeint: Gefährliche Kletterübungen, Kopfball mit einem harten Ball, Tacklingübungen von hinten oder der Seite; gefährliche Schaukeln, die nicht schaukelnde Kinder schwer verletzen können; Schaukeln, die extreme

Betreueraufgaben

Höhen erreichen können; das Spielen von Hockey, wegen hoher Verletzungsgefahr beim Schwingen mit dem Schläger usw.

- Eine kurze Besprechung vor einem Spiel ist vollkommen ausreichend.
- Jedes Kind darf lang genug spielen, hierbei wird nie auf Spielstand oder sogar Taktik geachtet.
- Bei einem Foulspiel den Kindern erklären, was nicht richtig war.
- Der Trainer oder die Trainerin begrüßen und verabschieden die Kinder immer innerhalb der ganzen Gruppe.
- Die Kinder werden immer angefeuert und bei Toren oder Auswechslungen sollte abgeklatscht werden.
- Der Spielführer wechselt von Spiel zu Spiel und jedes Kind kommt an die Reihe.
- In der Halbzeitpause den Kindern immer Getränke anbieten. Die Halbzeitansprache ist sehr kurz, und die Kinder werden dabei persönlich aufmunternd angesprochen.
- Genügend Zeit zum Einspielen sollte immer gegeben sein.
- Die Kinder werden immer für ihre Stärken gelobt, aber nicht auf ihre Schwächen angesprochen (das kommt später bei den Jugendlichen noch früh genug).
- Trainer und Betreuer wirken als Vorbilder für Kinder.
- Trainer im Kinderfußball sind kaum Technik- oder Taktikvermittler. Sie sind überwiegend Tröster, Streitschlichter, Spaßmacher, Erzieher und Freund.
- Sensibilität für Probleme von Kindern zeigen und Lösungsmöglichkeiten finden.

 **Rahmenbedingungen**

Beispiel für eine Bambini-Spielfeldmarkierung

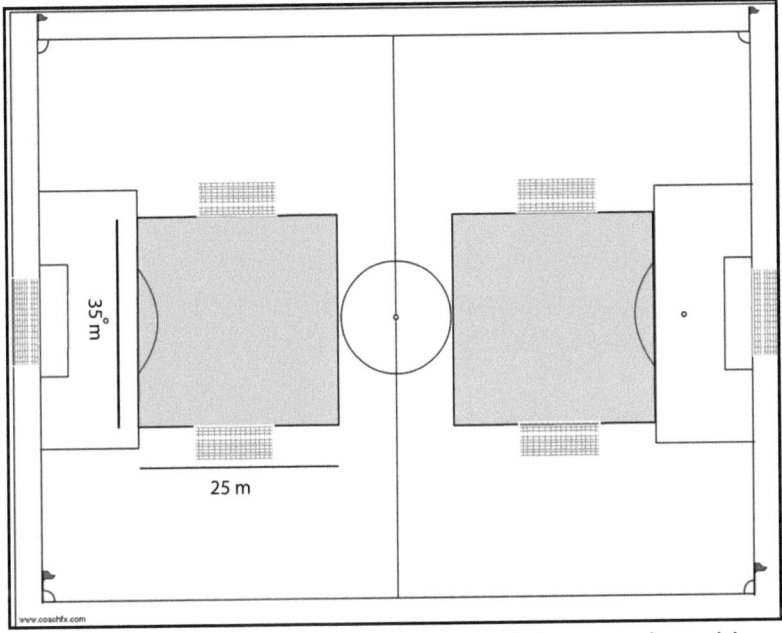

Mannschaftsgröße:	bis zu 7 Spieler/Spielerinnen (Anzahl Jungen und Mädchen ist unerheblich)
Größe der Tore:	höchstens 5 x 2 Meter
Spielfeld-Größe:	35 x 25 Meter maximal

Das Spielfeld kann z.B. durch Strafraum- und Mittellinie begrenzt sein. Um keine Irritierungen auf dem Fußballfeld zu erzeugen, sollten die Vereine ein Minimum an Markierungen verwenden. Zur Kennzeichnung von Linien können zusätzlich auch Markierungsteller eingesetzt werden.

In Einzelfällen können die Regeln durch die Landesverbände abgeändert werden.

 # Rahmenbedingungen

- Abseits existiert praktisch nicht, und für den Torwart gibt es keine Rückpassregel.
- Es gibt keine indirekten Freistöße, ein Strafstoß erfolgt nur bei schweren Verstößen in Tornähe aus einer Distanz von 8 Metern.
- Der Abstoß kann abgeworfen werden.
- Auf Gelbe oder Rote Karte wird verzichtet, und der Regelverstoß wird den Spielern nur kurz erklärt.
- Aus- und Einwechslungen erfolgen beliebig oft, ausgewechselte Spieler dürfen auch wieder eingewechselt werden.
- Bei den Bambini und F-Junioren wird das Spiel bei einem falschen Einwurf nicht unterbrochen.

Folgende Ballgrößen werden eingesetzt:

G-Junioren (Bambini): Leichtspielball Größe 4 (290 g)
F-Junioren: Leichtspielball Größe 5 (290 g)
E-Junioren: Leichtspielball Größe 5 (290 g)
D-Junioren: Leichtspielball Größe 5 (350 g)

Rahmenbedingungen

Anderes Beispiel für das Bambinispielfeld

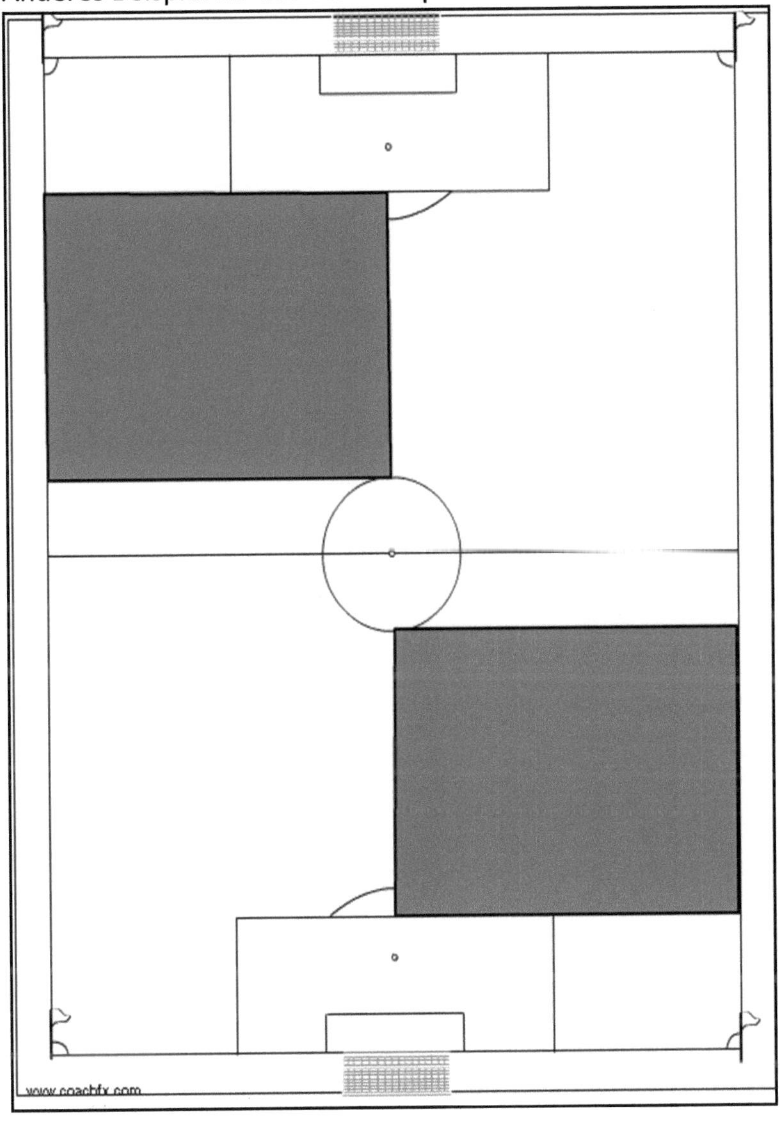

Das F-Jugendspielfeld

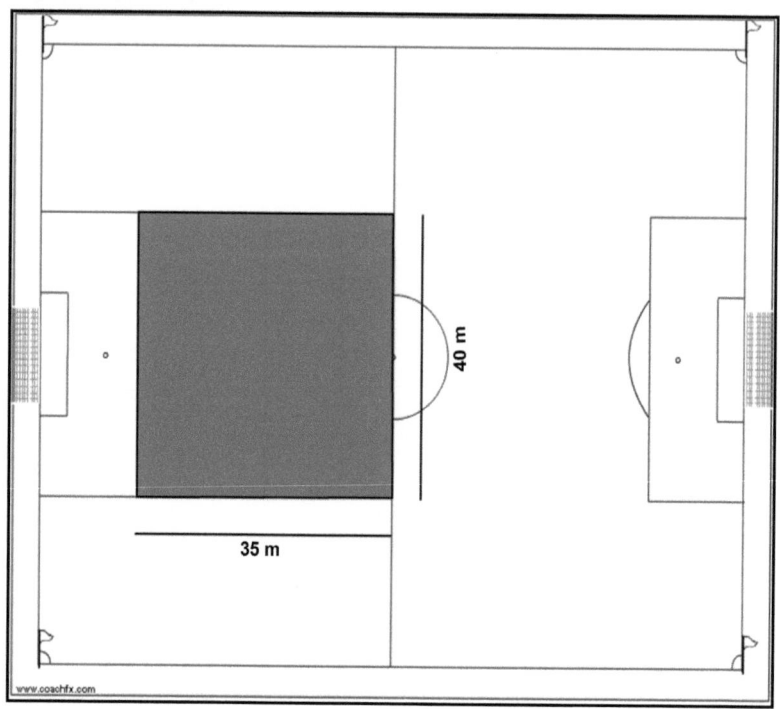

Anzahl der Spieler:	bis zu 7 Spieler/Spielerinnen pro Mannschaft
Tormaß:	bis zu 5 x 2 Meter
Spielfeld-Größe:	40 x 35 Meter

Das Spielfeld ist auf zwei Seiten durch eine Strafraum- und die Mittellinie begrenzt, um einen "Liniensalat" auf dem Fußballfeld zu verhindern. Die anderen Linien können durch Markierungsteller ersetzt werden.

 # Spielregeln

Bambini und F-Jugend

Alter der Spieler:
Bambini-/ Mini-Kicker einer Spielzeit sind Jungen und Mädchen, die im Kalenderjahr, in der das Spieljahr beginnt, das 6. Lebensjahr vollenden oder vollendet haben und jüngere Spieler.
F-Jugend (U 9/U 8): F-Junioren einer Spielzeit sind Spieler, die im Kalenderjahr, in dem das Spieljahr beginnt, das 7. oder das 8. Lebensjahr vollenden oder vollendet haben.

Austragungsmodus:
Eine Veranstaltung mit Spielfestcharakter sollte nicht länger als drei Stunden dauern.

Spielrunden:	Mannschaften können zu Freundschaftsspielrunden gemeldet und vom Kreisjugendausschuss organisiert werden.
Spielerzahl:	7 : 7 mit beliebigem Ein- und Auswechseln
Spielfeld:	ca. 35 m x 25 m bei Bambini/ ca. 40 m x 35 m bei F-Junioren

Außenlinien können mit „Hütchen" markiert werden

Tore:	höchstens 5 m x 2 m mit absolut stabilem Stand
Spieldauer:	max. 2 x 20 min
Max. Spielzeit pro Mannschaft bei einem Turnier:	80 min.

 # Spielregeln

Spielball: Größe 4 (290 g)

Keine Abseitsregel und keine Rückpassregel

Abstoß: aus der Hand oder vom Boden

Einwurf: Ein falscher Einwurf wird nicht geahndet, sondern nur der Fehler erklärt.

Regelwidriges Spiel: Regelwidrigkeit erklären, Freistoß nur direkt, Strafstoß (8 m)

Spielleiter: Stellen die beteiligten Vereine

Anregung der Autoren: Wir halten die Vereinbarung für sinnvoll, dass die Bambini beim Einwurf den Ball auch einrollen dürfen.

24

 # Trainingsübungen für Bambini / F-Jugend

Alle beschriebenen Übungen können im Bambini und F-Jugendbereich eingesetzt werden. Die Auswahl richtet sich nach dem physischen Leistungsstand und den kognitiven Fähigkeiten.

In der F-Jugend reduzieren sich allerdings die nicht sportartspezifischen Fang- und Ballspiele, die in einer Trainingseinheit immer am Anfang durchgeführt werden sollten.

Bei einer eventuellen Über- oder Unterforderung einer Mannschaft durch einzelne Übungen bitten wir um Verständnis. Hier ist dieser Trainingsabschnitt sofort durch eine andere Übung zu ersetzen.

Die Dauer der Übungen sollte vorher nicht festgelegt werden. Macht eine Übung den Kindern Spaß, wird der Zeitrahmen vergrößert und umgekehrt.

In der Regel wird jedes Training mit einem Abschlussspiel beendet. Diese werden meist ohne taktische Vorgaben oder Sonderaufgaben durchgeführt.

Bei den Bambini dauert eine Trainingseinheit 60 Minuten und sollte in der Regel zur gleichen Zeit beginnen und enden. In der F-Jugend dauert eine Trainingseinheit etwa 70 – 80 Minuten.

Warum sollte eine Trainingseinheit bei den Bambini 60 Minuten nicht überschreiten?

Trainingsübungen für
Bambini / F-Jugend

Wie schon erwähnt, ermüden die Kleinen schnell, die Muskulatur ist noch schwach ausgebildet, die Leistungsvoraussetzungen sind sehr unterschiedlich und die Konzentrationsfähigkeit ist noch sehr gering.
Wichtig ist, dass jede größere Überforderung der Kinder vermieden werden muss.
Bei den ersten Anzeichen von Ermüdungen bei einem Kind, wird dieses geschickt im weiteren Trainingsverlauf geschont.

Auch dürfen wir nicht vergessen, dass Kinder ein ganz anderes Zeitempfinden haben. Eine Stunde konzentrierte Bewegung und Spiel der Bambini, ist vergleichbar mit einem dreistündigen Erwachsenentraining.

Besondere Vorsicht ist bei hohen Außentemperaturen geboten. Ausreichend Getränke müssen bereit stehen, und immer wieder Pausen im Schatten eingelegt werden.
Bei extremen Außentemperaturen werden Spiele locker im Schatten absolviert.

Merke: Der Trainer oder die Trainerin hat eine hohe Verantwortung gegenüber den Bambini oder den F-Junioren. Bei extremen Wetterlagen wie Hitze und hohe Ozonwerte oder Sturm mit Regen, sollte genau überlegt werden, ob und wo das Training stattfindet.

 # Trainingsübungen für Bambini / F-Jugend

Zu Beginn jeder Trainingseinheit empfiehlt es sich, den Kindern eine freie „Austobphase" zu gewähren. In den ersten Minuten des Trainings dürfen sie sich frei bewegen, ob mit Ball oder ohne (die Wahrscheinlichkeit, dass sich ein kleiner Fußballer keinen Ball schnappt, ist allerdings gering). Sie dürfen laufen, werfen, schießen, passen usw. Sie können in Gruppen spielen oder sich allein beschäftigen. Hierbei bauen sie überschüssige Energie ab, und die Konzentrationsfähigkeit für das weitere Training nimmt zu. Kinder in diesem Alter brauchen noch kein Aufwärmprogramm wie Senioren, sie sind sofort voll da und verletzen sich bei Belastungen fast nie (die Autoren können sich erinnern, dass sie oft direkt aus der Kabine, noch in der B-Jugend und sogar A-Senioren, einen Sprint hinlegten und auf das Tor schossen ohne jegliches Aufwärmprogramm; in diesem Alter ist das aber auf keinen Fall empfehlenswert, da ein hohes Verletzungsrisiko ohne Aufwärmen gegeben ist).

In den weiteren Trainingseinheiten bezeichnen wir diesen Abschnitt immer als „Austobphase", die etwa 5 – 10 Minuten beträgt (in der Regel aber 5 – 6 Minuten). Während dieser Zeit laufen die Kinder nach und nach auf den Trainingsplatz und beginnen hier nicht gemeinsam (jedes Kind braucht unterschiedlich lang zum Umziehen und erscheint zu etwas unterschiedlicher Zeit am Sportplatz).

Begrüßungsphase

Die Kinder werden gerufen und es wird sich kurz versammelt.

 # Trainingsübungen für
Bambini / F-Jugend

Die Kleinen werden begrüßt und die nächste(n) Übung(en) erklärt. Dieser Abschnitt dauert 2, in Ausnahmefällen maximal 5 Minuten, wenn z.b. ein neues Stationentraining erklärt wird.Denkt daran, die jungen motivierten Fußballer wollen trainieren und spielen und nicht zuhören oder quatschen, davon hatten sie genug in der Schule.

Übungen fast ohne fußballspezifischen Hintergrund (Bambini / F-Jugend)

Wettlauf mit Turnmatten

Die jetzt beschriebene Übung ist ausschließlich für die Halle gedacht.
Es werden zwei Gruppen gebildet, bei denen die Kinder jeweils hintereinander stehen. Es wird ein Staffellauf durchgeführt. Die Startläufer laufen auf ein Kommando des Trainers oder der Trainerin los. Sie müssen dann nach ein paar Metern zuerst über ein oder zwei dünne Turnmatten in Längsrichtung laufen (für jede Gruppe sind die Matten parallel zueinander aufgebaut), direkt daran liegt eine dicke Weichbodenmatte. Hier springen sie drauf, laufen über diese, und springen wieder runter auf eine dünne Turnmatte, die sie wieder in Längsrichtung überlaufen.
Danach geht es um eine Pylone, und mit einem Sprint vorbei an den Matten zurück zum Start. Hier wird der Nächste abgeklatscht, der dann losläuft usw.
Die Mannschaft, die zuerst alle Läufer im Ziel hat, ist natürlich Sieger.

Trainingsübungen für
Bambini / F-Jugend

Diese Übung dient der Schulung des Bewegungsgefühls (Laufen auf unterschiedlichem Untergrund), Stabilisierung der Gelenke und natürlich der Förderung der Antrittsschnelligkeit.

Variation der Übung: Nachdem die Kleinen über die letzte kleine Matte gelaufen sind, laufen sie auf ein Handballtor zu. Einige Meter vor dem Tor liegen Bälle mit jeweils einem Meter Abstand nebeneinander. Bei den F-Junioren kann die Torentfernung auch 15 – 20 Meter betragen. Die Anzahl der Bälle entspricht der Anzahl der kleinen Fußballer.
Bevor die Läufer nun zurück laufen, müssen sie einen Ball ins Tor schießen. Schaffen sie das, können sie direkt zurück rennen. Misslingt der Zielschuss, müssen sie zum Pfosten laufen, diesen berühren, und dürfen dann erst zum nächsten Starter zurücksprinten.
Der Torschuss wird mit den letzten Läufern immer schwieriger, weil in der Regel die Bälle zuletzt geschossen werden, die weiter außen liegen.

Weitere Variation: Es werden vor den Matten Fahnenstangen aufgebaut, die zuerst im Slalom durchlaufen werden müssen.

 # Trainingsübungen für Bambini / F-Jugend

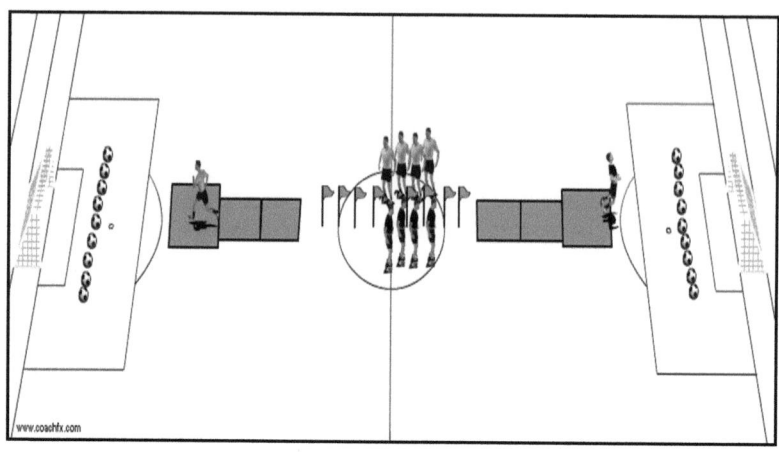

Nach unseren Erfahrungen sorgt dieser Wettkampf für größten Spaß, daher kann diese Übung auch mehrmals in unterschiedlichen Varianten eingesetzt werden. Hier ist Phantasie und Kreativität gefragt. Die dünnen Turnmatten hinter der dicken Weichbodenmatte dienen auch der Sicherheit und sollten nicht „vergessen" werden. Beim Sprung von der hohen Matte können die Kleinen stolpern (vor allem Bambinis). Jetzt fallen sie aber weich und rappeln sich direkt wieder auf. Bei einer Absicherung mit Matten ist ein Trainer oder Trainerin auch immer abgesichert.

Stationenlauf

- Hier wird ein Feld von etwa 15 x 15 Meter markiert. In diesem Feld werden verschiedene Stationen aufgebaut, die jedes Kind einmal bewältigen muss. Jede Station wird doppelt aufgebaut, d.h. jede Übung wird dadurch zweimal ausgeführt.

 # Trainingsübungen für
Bambini / F-Jugend

Beispiele für Stationen:

- Zwei Sprungseile werden gestreckt auf dem Hallenboden gelegt. Die kleinen Fußballer sollen auf dem Seil sicher vom Anfang bis zum Ende des Seiles balancieren.

- Im Feld befinden sich auch zwei kleine Bälle (z.B. Schaumstoffbälle). Diese müssen jeweils einmal senkrecht nach oben etwas über den Kopf geworfen und dann gefangen werden.

- Zwei kleine Turnmatten verteilt im Feld auslegen, und mit jeweils zwei Kästen so zusammenschieben, dass sie sich wie eine Halbröhre nach oben biegen.
Hier sollen die Kinder dann jeweils einmal durchkriechen.

- 2 x zwei kleine Turnmatten mit der Längsseite aneinanderlegen, allerdings mit einem Abstand von etwa 30 Zentimetern. Hier sollen die Kinder durchlaufen, ohne die Mattenränder zu berühren.

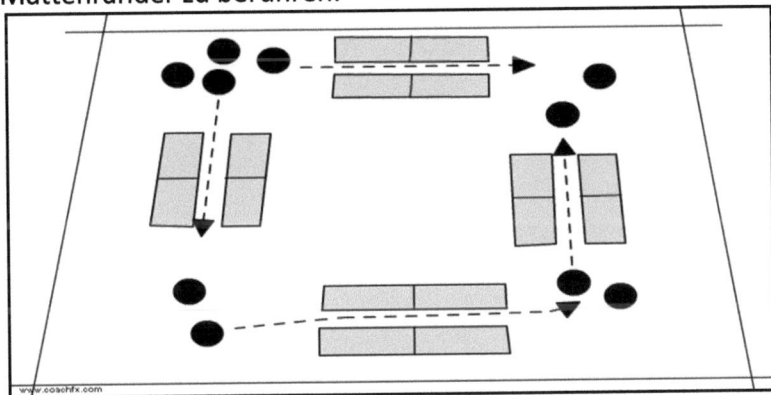

Trainingsübungen für Bambini / F-Jugend

Schattenlauf

Es wird ein Quadrat abgesteckt, in denen sich Paare bilden, von denen jeweils einer als Schattengeber und der andere als Schatten bestimmt wird. Der Schattengeber läuft los und erfüllt verschiedene Aufgaben, wie z.B. rückwärtslaufen hüpfen, etc. Der Schatten läuft hinterher und macht alle Bewegungen des Schattengebers nach.
Hier empfiehlt es sich natürlich, die Übung danach mit Ball zu wiederholen. Einer zeigt „Tricks" und Dribbling, der andere Spieler imitiert diese.

Motor an

In der ganzen Halle werden kleine und große Matten ausgelegt. Es können auch wieder „Tunnel" mit Turnmatten und kleinen Kästen gebildet werden. Mit Pylonen oder Fahnenstangen werden kleine „Dribbelstrecken" geschaffen.
Die Kinder sind jetzt Motorräder, Autos, Busse oder LKW`s. Sie sollen um die Matten herumfahren, durch die Röhren hindurch, und Slalom um die Pylonen. Dabei sollen sie auch Motorengeräusche machen, hupen, und auf den Gegenverkehr achten (siehe Skizze auf der nächsten Seite).
Nach dieser Übung wird das Ganze mit je einem Ball pro Spieler wiederholt. Es wird an den Matten und an den Mitspielern vorbei gedribbelt, Slalom durch die Fahnenstangen oder Pylonen und der Ball durch die Röhre geschossen, und an der anderen Seite wieder kontrolliert aufgenommen.

Trainingsübungen für
Bambini / F-Jugend

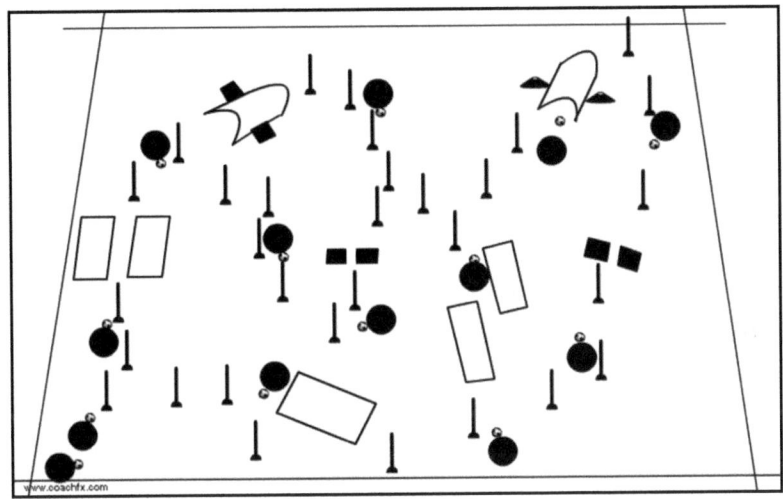

Blinder Floh

Es wird ein nicht zu großes Quadrat abgesteckt. Alle Spieler sind Flöhe und dürfen sich nur hüpfend bewegen. Ein Spieler wird als „blinder Floh" bestimmt und bekommt die Augen verbunden. Ziel des blinden Flohs ist es, einen anderen Floh zu fangen. Im Gegensatz zu den anderen Flöhen darf der blinde Floh so oft hüpfen, wie er will. Die anderen dürfen nur 5- oder 10-mal hüpfen. Wird ein Floh gefangen, wird er zum blinden Floh.

Der weiße Hai

Die Spieler schwimmen im Atlantik (linkes Viereck) und machen dabei liegend Schwimmbewegungen. Der Trainer ruft: "Der Hai" und alle stehen so schnell wie möglich auf und laufen zum rettenden Ufer (rechtes Viereck).

Trainingsübungen für
Bambini / F-Jugend

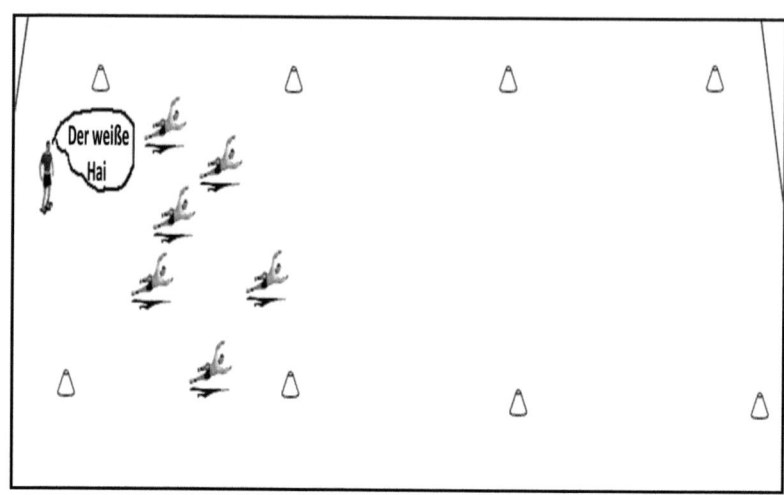

Affenspiel

Die nächste Übung ist für Bambini und F-Jugend gleichermaßen geeignet, für Halle sowie auch Sportplatz.

Die Kinder werden in zwei Gruppen eingeteilt und stellen sich wie auf der Skizze der nachfolgenden Seite auf.

Die eine Gruppe sind „Schimpansen", die sehr schlau sind und den Trainer oder die Trainerin ärgern wollen. Die andere Gruppe sind die Orang-Utans, die brav und folgsam sind.

Der Trainer oder die Trainerin machen nun Bewegungen vor und die Affen sollen alles spiegelrichtig imitieren. Die Orang-Utans machen alles genau nach, aber die Schimpansen machen genau des Gegenteil, weil sie ärgern wollen. Läuft der Trainer nach vorn, laufen die Schimpansen einfach nach hinten. Springt er nach rechts, springen sie auch rechts, was in diesem Fall falsch ist, weil es spiegelverkehrt ist. Kreist

der Trainer den rechten Arm, kreisen die Schimpansen auch den rechten Arm, was wieder verkehrt ist usw.
Nach einer Zeit werden die Aufgaben getauscht.

Nach dieser Übung wird das Gleiche mit jeweils einem Ball pro Spieler durchgeführt. Jetzt bewegt der Trainer oder die Trainerin sich mit Ball, die Schimpansen machen alles spiegelverkehrt und die Orang-Utans alles spiegelrichtig.

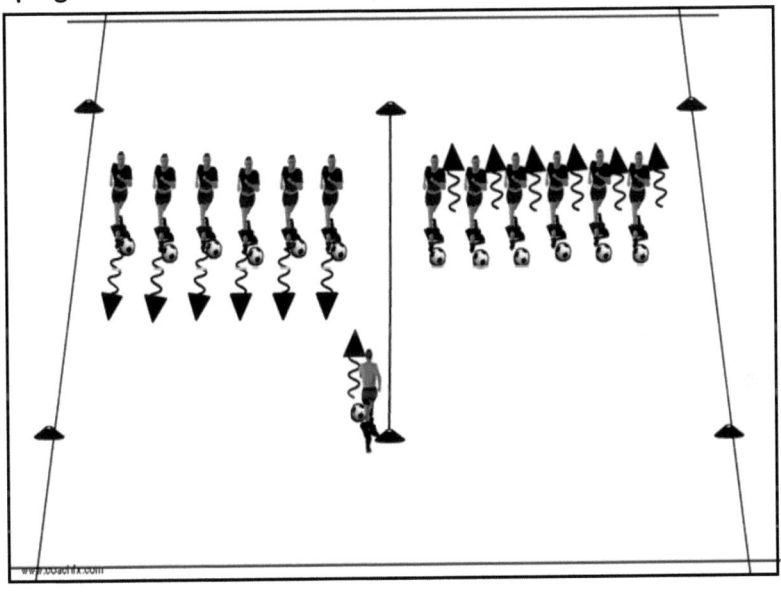

Trainingsübungen für
Bambini / F-Jugend

Kettenfangspiel

Die ganze Halle ist Fanggebiet. Ein Spieler ist der Fänger.
Übungsablauf:

Die Spieler verteilen sich in der Halle. Der Fänger versucht einen Spieler zu fangen. Gelingt dieses, gibt es 2 Fänger, die sich an der Hand halten müssen, um den nächsten Spieler zu fangen. Die Kette wird immer größer, bis der letzte Spieler gefangen ist.

In der Halle bereitet diese Übung den Kleinen einen noch viel größeren Spaß als im Freien. Die Übung kann bei andauerndem Spaßfaktor ruhig mehrmals gespielt werden.

Variation: Die Übung startet mit zwei Fängern und es bilden sich dann natürlich zwei Ketten. Die Kette mit den meisten Kindern hat zum Schluss gewonnen.

36

Trainingsübungen für Bambini / F-Jugend

Schwänzchen fangen

Übungsaufbau und Ablauf:
Jedem Kind wird ein Leibchen hinten in den Hosenbund gesteckt. Die Kinder versuchen, möglichst viele Leibchen zu bekommen und das eigene zu behalten. Das Spiel ist beendet, wenn alle Leibchen gefangen sind. Wer hat die meisten gefangen?

www.coachfx.com

Wettlauf

Die nächste Übung beinhaltet eine schöne Wettkampfübung in Staffelform. Sie ist für die Halle und auch den Sportplatz gut geeignet, und macht den Bambini und F-Junioren sehr viel Spaß. Es werden zwei Gruppen gebildet, die etwa fünf Meter voneinander entfernt stehen. Die jeweiligen

# Trainingsübungen für Bambini / F-Jugend

Gruppenmitglieder stehen kurz hintereinander in einer Reihe. Vor jeder Gruppe werden jeweils vier bis fünf Pylonen oder Fahnenstangen in einem Abstand von einem Meter in einer Reihe aufgestellt. Danach werden jeweils drei bis fünf Gymnastikreifen direkt in einer Reihe aneinandergelegt. Einige Meter dahinter wird wiederum jeweils eine Pylone oder Fahnenstange hingestellt.

Ablauf: Die Startläufer jeder Gruppe laufen auf ein Startsignal hin los, Slalom durch die Pylonen oder Fahnenstangen, mit jeweils einem Fußaufsatz in die Gymnastikreifen weiter zur und um die letzte Pylone, und dann mit einem vollen Sprint zurück zum Start. Hier wird der nächste Läufer abgeklatscht, und rennt los mit der gleichen Aufgabe. Die Gruppe, die zuerst alle Sprinter wieder im Ziel hat, ist natürlich Sieger.

Beim nächsten Wettkampf müssen die Kleinen hierbei nun einen Ball tragen und im Ziel jeweils dem nächsten Kind übergeben, das erst dann wieder starten darf usw.

Beim letzten Wettkampf wird der Schwierigkeitsgrad noch einmal wesentlich erhöht. Nun muss der Ball Slalom durch die Fahnenstangen gedribbelt werden. Dann wird er aufgehoben, und muss einmal in jeden Gymnastikreifen geprellt und wieder gefangen werden. D.h., der Ball wird einmal im ersten Reifen geprellt und gefangen. Nun stellt das Kind sich in den ersten Reifen, und prellt in den Zweiten. Jetzt stellt es sich in den Zweiten, und prellt in den dritten Reifen usw.

Trainingsübungen für
Bambini / F-Jugend

Nach dem letzten Gymnastikreifen wird der Ball auf den Boden gelegt, um die letzte Pylone oder Fahnenstange mit dem Fuß geführt, und dann zurück gedribbelt zum nächsten Läufer usw.

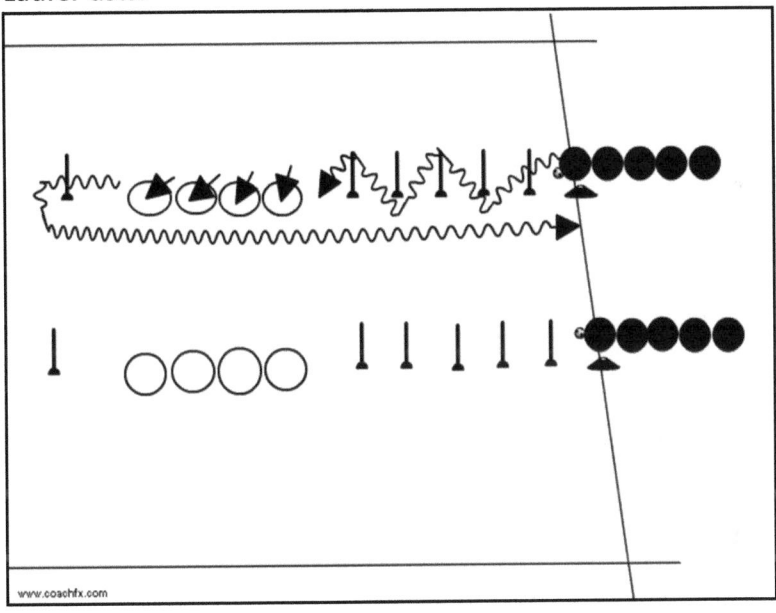

Ferkel will gefüttert werden (nur für Bambini)

Wir benötigen für diese Übung vier Esslöffel und zwei Kartoffeln, die optimal in diese Löffel passen.

Welche Mannschaft füttert sein Ferkel zuerst?
Übungsablauf siehe nächste Seite.

 **Trainingsübungen für Bambini / F-Jugend**

Übungsablauf:

Zwei Mannschaften stehen nebeneinander und jeweils fünf Meter von einer Fahnenstange frontal entfernt.

Die Startläufer laufen mit dem Löffel in der Hand und der Kartoffel in dem Löffel auf die Fahne zu, dann um die Fahne herum und zurück zum Start.

Nachdem sie die Startlinie wieder überschritten haben, dürfen sie die Kartoffel in die Hand nehmen und dem nächsten Läufer in den Löffel legen, der dann losläuft. Der angekommene Läufer übergibt dann seinen Löffel an den übernächsten Läufer usw.

Der letzte Läufer muss dann mit der Kartoffel im Löffel bis in die Ferkelzone mit dem Löffel laufen, und darf dann erst die Kartoffel in die Hand nehmen und beim Ferkel absetzen.

Verliert ein Kind die Kartoffel unterwegs, muss es sie aufheben, in den Löffel legen und darf erst dann weiterlaufen.

Der Trainer oder die Trainerin verdeutlicht den Kindern, dass sie bei einem schnellen Laufen eher die Kartoffel verlieren und damit auch Zeit und eventuell ein langsames Laufen oder sogar Gehen von Vorteil sein kann.

Eine Skizze zur Übung finden Sie auf der nächsten Seite.

www.coachfx.com

Ferkel will Fußball spielen

Jetzt wird die gleiche Übung durchgeführt, allerdings mit einem Fußball. Die ersten Läufer halten jetzt mit beiden Händen einen Fußball fest, und laufen wieder um die Fahnenstange und übergeben schließlich den Ball an den Nächsten usw.
Der letzte Läufer rennt wieder zum Ferkel und gibt ihm den Ball.

Welche Mannschaft übergibt zuerst dem Ferkel den Ball, damit es Fußball spielen kann?

 # Trainingsübungen für Bambini / F-Jugend

Ferkel will wieder Fußball spielen

Die zwei Mannschaften treten wieder gegeneinander an, aber jetzt muss der Ball mit dem Fuß geführt werden.

Ferkel wird abgeschossen

Jedes Kind bekommt einen Ball und alle dribbeln gleichzeitig auf ein Tor zu, in dem der Trainer oder die Trainerin steht. Von einer vereinbarten Entfernung schießen alle Kinder gleichzeitig auf das Tor. Nein, sie wollen kein Tor schießen. Sondern, wer trifft das Ferkel zwischen den zwei Pfosten?

Piratenspiel

Diese Übung ist für Bambini und F-Jugend gleichermaßen geeignet. Bei den F-Jugendlichen erzählen wir natürlich vorher keine Geschichte mehr.
Je nach Anzahl der Kinder werden ein oder zwei Gruppen gebildet. Jede Gruppe spielt auf ein Feld mit zwei Toren (siehe folgende Abbildung). Hier gibt es mehrere Kinder, die hinten in der Hose jeweils ein Leibchen tragen. Zwei Kinder tragen kein Leibchen, und spielen gegeneinander. Sie sind verfeindete Piraten, und ihre Schatztruhe ist hier ein eigenes Tor. Die Leibchen der anderen Kinder sind teure Seidentücher. Die Piraten versuchen nun die Seidentücher zu stehlen, und in Ihre Schatztruhe zu bringen.

Trainingsübungen für Bambini / F-Jugend

Die Kinder mit den Leibchen sind Handelsschiffe und versuchen zu entkommen.

Hat ein Seeräuber ein „teures Seidentuch" ergaunert, muss er es erst in seine Schatztruhe bringen, bevor er weiter auf Jagd gehen kann.

Sieger sind der Pirat, der zum Schluss die meisten Leibchen in seiner Schatztruhe hat, und das „Handelsschiff", dass bis zum Schluss seine „Ware" an Bord behält.

D.h., ist das vorletzte Leibchen im Tor, wird das Spiel beendet.

Natürlich wird das gleiche Spiel danach mit Bällen anstatt der Leibchen gespielt. Die Piraten werden natürlich getauscht. Hiernach bietet sich natürlich ein normales Fußballspiel auf

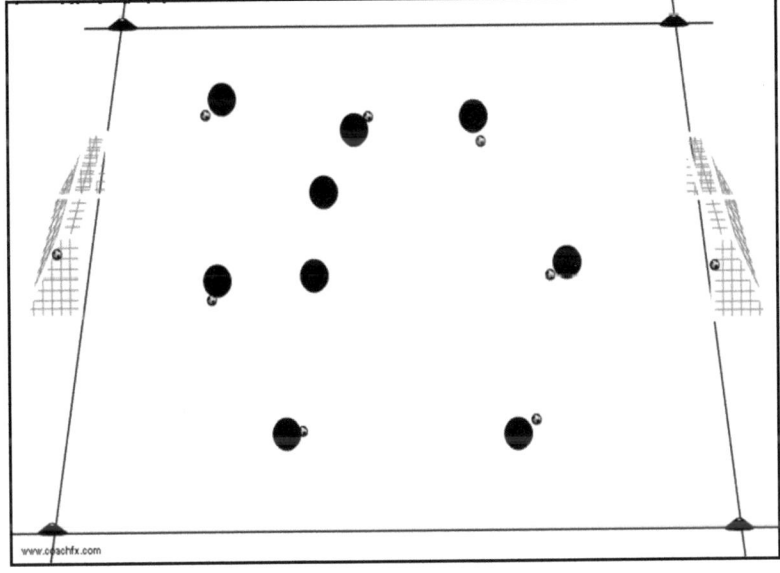

Trainingsübungen für Bambini / F-Jugend

- Jetzt kommen wir zu einer reinen Bambiniübung für die Halle. Wir nennen sie **Feuer-Wasser-Sandsturm**.

Übungsaufbau und Ablauf:
- Viereck bilden. Trainer ruft die nachfolgenden Kommandos.
- Wasser: Alle Kinder müssen auf die Bänke.
- Sandsturm: Alle legen sich auf den Boden.
- Feuer von dort: Alle Teilnehmer müssen in die gegenüberliegende Richtung (Ecke).
- Kaffeeklatsch: Alle setzen sich auf den Boden und Klatschen in die Hände.

- Die folgende Übungsreihe ist in der Regel nur für Bambini geeignet. Sie können in der Halle und auch auf dem Sportplatz gespielt werden. Bei dem ersten Spiel wird ein Feld von etwa 20 x 20 Meter abgesteckt. Es werden zwei Mannschaften gebildet, die sich vollkommen durcheinander im Feld bewegen. Die kleinen sollen sich vorstellen, dass sie Ordner in einem riesigen Fußballstadion sind. Nach dem Aufwärmen der Profi-Fußballer haben sie die Aufgabe, die Bälle so schnell wie möglich einzusammeln. Deswegen befinden sich auch Bälle im Feld, die vollkommen verstreut liegen, und zwar ein Ball pro Kind.
Jede Mannschaft besitzt auch ein Tor. Diese stehen sich wie auf einem normalen Fußballfeld gegenüber (siehe unteres Bild).
Die jungen Fußballer laufen nun kreuz und quer durch das Feld. Auf ein Kommando des Trainers oder der Trainerin sollen sie sich so schnell wie möglich einen Ball mit den

 # Trainingsübungen für
Bambini / F-Jugend

Händen schnappen und in ihr Tor befördern. Die „Ordner", die zuerst alle ihre Bälle im Tor hat, ist natürlich der Sieger. Diese Übung kann zwei- oder dreimal wiederholt werden.

Danach wird die Übung etwas anders gespielt. Jetzt sollen die Kinder auf ein Kommando so schnell wie möglich den Ball in ihr Tor dribbeln.

Nach diesen Spielen bietet es sich an, ein „normales" Fußballspiel durchzuführen.

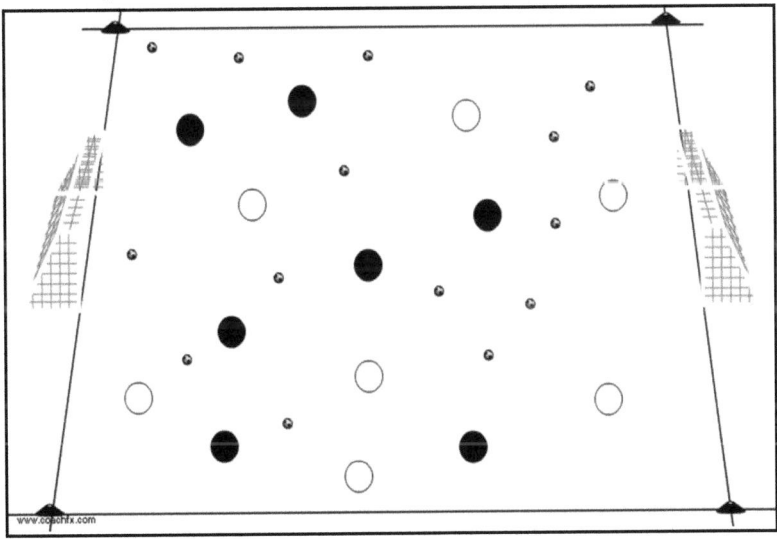

Die beiden folgenden Übungen heißen **„Verirrte Eskimos"** und **„Wer hat Angst vor dem bösen Wolf"**. Wir setzen diese beiden Übungen in der Regel auch nur bei den Bambinis ein.

Trainingsübungen für Bambini / F-Jugend

Verirrte Eskimos

Übungsaufbau und Ablauf:
4 Gruppen bilden. Die Kinder zweier Gruppen sind die Lotsen und die anderen die Eskimos. Zwei Iglus mit Hütchen abstecken. Die Eskimos bekommen die Augen verbunden und haben sich verlaufen. Die Lotsen dürfen die Eskimos per Zuruf zu ihrem Iglu lotsen. Welche Lotsengruppe hat Ihre Eskimos am schnellsten im Iglo.

Wer hat Angst vor dem bösen Wolf?

Übungsaufbau und Ablauf:
Ein Spieler ist der Wolf und die anderen Spieler stellen sich auf gleicher Höhe und in einer Reihe auf. Der Wolf steht einige Meter hinter der Gruppe. In einigem Abstand ist ein Viereck aufgebaut, in welches die Spieler flüchten können.
Wolf: Wer hat Angst vor dem bösen Wolf?
Spieler: Niemand!
Wolf: Und wenn er kommt?
Spieler: Dann laufen wir! (Alle Spieler laufen los und der Wolf versucht, so viele Spieler wie möglich zu fangen).

- Das nächste Spiel ist für die Bambinis sehr interessant, und bereitet ihnen viel Spaß. Es wird ein Feld von etwa 20 x 20 Metern abgesteckt mit zwei Toren. Es werden zwei Mannschaften gebildet, die entweder unterschiedliche Trikots anhaben oder mindestens eine Mannschaft spielt mit Leibchen gleicher Farbe. Mit richtigen Trikots bereitet die

46

folgende Übungsreihe aber wesentlich mehr Spaß.

Der Trainer oder die Trainerin gibt den beiden Mannschaften nun bedeutende Namen wie FC Bayern München und Real Madrid. Den Kleinen wird erklärt, dass sie gleich im Endspiel der **Champions-League** aufeinandertreffen. In dem markierten Feld sollen sich nun beide Mannschaften aufwärmen. Zuerst laufen sie ohne Ball, und sollen dabei ab und wann Kopfballsprünge, Einwürfe, kurze Sprints, Körperdrehungen und -beugungen andeuten usw.

Nach ein paar Minuten sollen sie sich zu zweit mit Ball im Feld aufwärmen mit Kurzpassspiel, Dribbling und Schüssen auf das Tor. Dabei laufen sie quer durch das Feld und sollen die anderen Paare so wenig wie möglich stören.

Nach diesem Aufwärmen erfolgt natürlich das lang ersehnte Endspiel. Die Spieldauer beträgt 2 x 10 Minuten. Bei einem Unentschieden wird sofort ein „Elfmeterschießen" angesetzt.

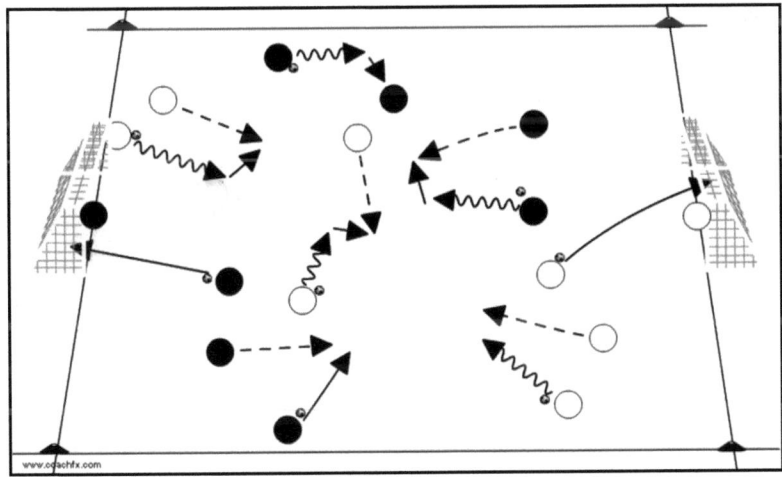

 **Trainingsübungen für Bambini / F-Jugend**

- Die nächsten Übungen sind für die Halle gedacht und machen in der Regel auch den F-Junioren sehr viel Spaß. Sie dienen dem Aufwärmen und der Geschicklichkeit.

Es werden zwei Mannschaften gebildet und ein **Luftballonwettkampf** wird gestartet. Jedes Kind erhält einen Luftballon. Die ersten beiden Kinder aus jeder Mannschaft laufen mit einem Luftballon los und sollen ihn in einen großen Behälter ablegen (z.B. leerer Korbwagen für Bälle). Danach laufen sie zurück und schlagen den nächsten Läufer ab, der dann wiederum den Ballon in den Korb befördern soll usw.
Jede Mannschaft muss gleichviele Ballons in dieser Staffelform in den Korb befördern. Natürlich hat die Mannschaft gewonnen, die dies zuerst schafft.

- In einer bestimmten Zone hat jede Mannschaft (jede Mannschaft besitzt eine eigene Zone) zwei bis drei Ballons pro Kind liegen.
Auf Kommando sollen alle Kinder beider Mannschaften gleichzeitig je einen Ballon mit den Füßen (Schießen oder Führen) aus dieser Zone in eine andere abgesteckte Zone befördern (auch hier besitzt wieder jede Mannschaft eine eigene Zone).

Wer dies geschafft hat, läuft zurück und nimmt sich den nächsten Ballon vor. Die Mannschaft hat gewonnen, die zuerst alle Ballons in die neue Zone transportiert hat.
Sollte ein Ballon platzen, bekommt das jeweilige Kind einen

Reserveballon vom Trainer, muss aber wieder in der ursprünglichen Zone starten.

Der Weg in die neue Zone darf natürlich nicht zu weit sein, sonst verlieren die Kinder das Interesse.

Hier könnte man z.b. wieder eine schöne Geschichte erzählen, wie:

Die Ballons befinden sich auf einer gerade eingeschalteten Herdplatte und platzen, wenn sie zu heiß werden.
Deswegen sollen sie in eine neutrale Zone geschaffen werden, was allerdings mit den Füßen geschehen muss, weil die Ballons für die Hände schon zu heiß sind.

- Viele im Vorfeld aufgeblasene Luftballons werden in einem abgesteckten Feld abgelegt.
Die Kinder sollen nun die Luftballons aus dieser Fläche nach außen schießen. Wenn alle Bälle aus dem Feld geschossen sind, bekommen sie die Aufgabe, die Bälle mit dem Fuß zum Platzen zu bringen.
Die Reste hebt das Kind auf. Wer die meisten Reste gesammelt hat (damit die meisten zertretenen Luftballons), hat das Spiel gewonnen.

Trainingsübungen für Bambini / F-Jugend

- Die letzten hier beschriebenen **nicht „fußballspezifischen"** **Übungen** sind in der Regel nur für die Bambinis geeignet.

Steh Bock, lauf Bock

Übungsaufbau und Ablauf:
Ein Kind wird als Fänger ausgewählt. Die anderen Kinder befinden sich in einem abgegrenzten Spielfeld. Der Fänger probiert die Anderen zu fangen. Wenn ihm das gelingt, muss das gefangene Kind stehen bleiben, und sich in eine Grätschstellung begeben. Ein nicht gefangenes Kind kann ein gefangenes Kind befreien, indem es durch die Beine krabbelt. Ziel des Fängers ist es, möglichst alle Gruppenmitglieder zu fangen, bevor ein noch freies Kind ein gefangenes befreien kann.

Ist das Fangen für ein Kind zu schwer, werden mit der Zeit zwei oder drei Fänger eingesetzt.

Fangt die Diebe

Übungsaufbau und Ablauf:
Es werden 2 oder 3 Kinder als Polizisten ausgewählt. Diese Kinder bekommen ein Leibchen. Die restlichen Kinder sind Diebe. Mit vier Hütchen wird ein Gefängnis aufgebaut. Auf ein Trainerkommando versuchen die Polizisten die Diebe zu fangen. Hier reicht eine leichte Berührung und der Dieb muss ins Gefängnis gehen. Schaffen die Polizisten es, alle Diebe in einer vorgegebenen Zeit zu verhaften?

Trainingsübungen für
Bambini / F-Jugend

Kinderkegeln

Es werden wieder zwei Mannschaften gebildet. Die zu kegelnde Mannschaft steht starr im Kegelraum. Die Kinder haben die Vorstellung, dass sie echte Kegel sind und werden auch dementsprechend positioniert (einer vorn, zwei dahinter, drei dahinter usw. mit einem Abstand von etwa drei Metern zueinander). Die kegelnde Mannschaft steht mit anderthalb Metern Abstand zum ersten Kegel an einer Markierung, die nicht überschritten werden darf.
Jeder Kegler hat zwei Bälle und rollt sie nacheinander auf die Kegel. Wird ein Kind von einem Ball getroffen, lässt es sich zu Boden fallen (durch den großen Abstand fällt kein Kind ins andere).

Welche Mannschaft trifft die meisten Kegel?
Variation:
Jetzt werden die Bälle mit der Seite und flach geschossen.

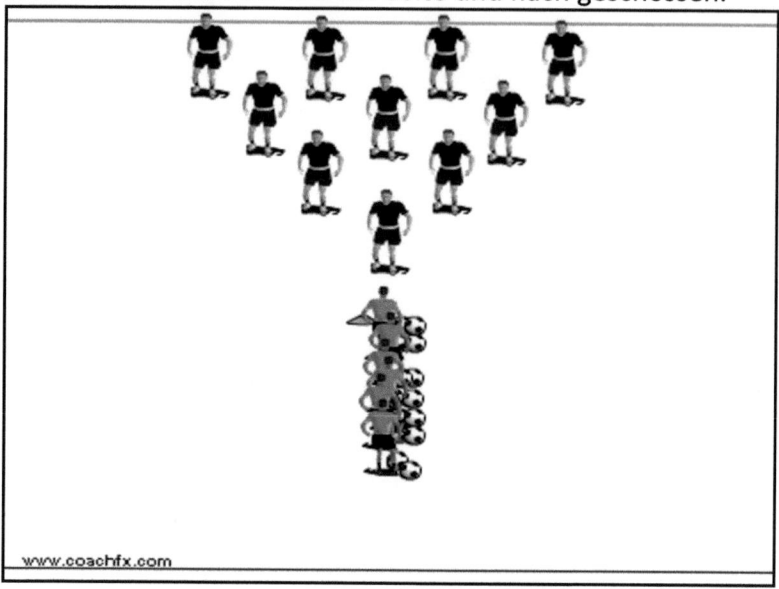

www.coachfx.com

Aufwärmspiel: Schweinchen in der Mitte

In einem relativ kleinen Feld gibt es einen Fänger und Einen, der gefangen werden muss. Die anderen Kinder sitzen in Zweiergruppen eng nebeneinander (mit dem Gesicht in die gleiche Richtung) und gleichmäßig verteilt im Raum. Setzt sich der Gejagte rechtzeitig zu einer Zweiergruppe an den Rand, so dass jetzt alle drei nebeneinander eng zusammensitzen, muss das Kind auf der anderen Außenseite jetzt rechtzeitig aufstehen und weglaufen, weil es die Position des Gejagten einnimmt.

Trainingsübungen für
Bambini / F-Jugend

Bei der gebildeten Dreiergruppe muss sich das dritte Kind natürlich auch richtig herumsetzen, d.h. alle schauen in die gleiche Richtung und der Rücken zeigt in die gleiche Richtung. Setzt sich ein Kind falsch hin, darf es trotzdem gefangen werden und wird zum Jäger.

Wird der Gejagte vom Jäger berührt, wird dieser zum Jäger. Das andere Kind setzt sich zu einer Zweiergruppe und bestimmt den nächsten Gejagten an der anderen Außenseite.

Variation:
Das Fangspiel beginnt mit zwei Jägern und zwei Gejagten.

Bemerkung: In der Praxis haben wir dieses Fangspiel noch nicht mit Bambini ausprobiert, bei F-Jugendlichen hat es funktioniert und den Kindern viel Spaß gemacht.

www.coachfx.com

 # Trainingsübungen für Bambini / F-Jugend

Aufwärmübung / Wurfübung / Geschicklichkeit

Wir benötigen 3 – 5 Schaumstoffbälle mindestens in Tennisballgröße. In einem begrenzten Feld versuchen sich die Kinder gegenseitig abzuwerfen. Mit dem Ball in der Hand darf man höchstens fünf Schritte laufen (Schrittanzahl wird der Menge und der Größe des Raumes angepasst) und muss dann zügig werfen. Getroffene Kinder verlassen die Spielfläche und haben nun die Aufgabe, mit den Betreuern die aus dem Spielbereich geworfenen Bälle, ins Spielfeld zurückzubefördern. Geworfene Bälle werden so schnell wie möglich aufgehoben, und wieder wird versucht, jemanden abzuwerfen. Die letzten zwei oder drei Kinder sind die Sieger. Ein absoluter Sieger wird nicht ausgespielt, weil sonst die Spieldauer zu lang und langweilig für die ausgeschiedenen Kinder ist. Die Übung wird in der Regel zwei- oder dreimal wiederholt.

 # Trainingsübungen für
Bambini / F-Jugend

Dribbel-, Finten, Torschussübungen usw. für Bambini / F-Jugend

- Je nach Spieleranzahl werden ein bis zwei 20 x 10 m große Felder errichtet (siehe untere Abbildung). Jedes Feld mit zwei besetzten Jugendtoren bestückt.

An der rechten Torauslinie beider Tore stehen mehrere Kinder mit jeweils einem Ball hintereinander. Das jeweils erste Kind dribbelt auf das gegenüberliegende Tor zu und schießt aus einer Entfernung von 7 – 15 Metern auf das Tor. Die Entfernung ist vom Alter und der Schusskraft abhängig. Danach holen die Kinder ihren Ball zurück und stellen sich auf der anderen Seite wieder an.

Nach einigen Minuten wird aus dieser Übung ein Wettkampf erklärt:

Welches Kind erzielt zuerst fünf Tore?

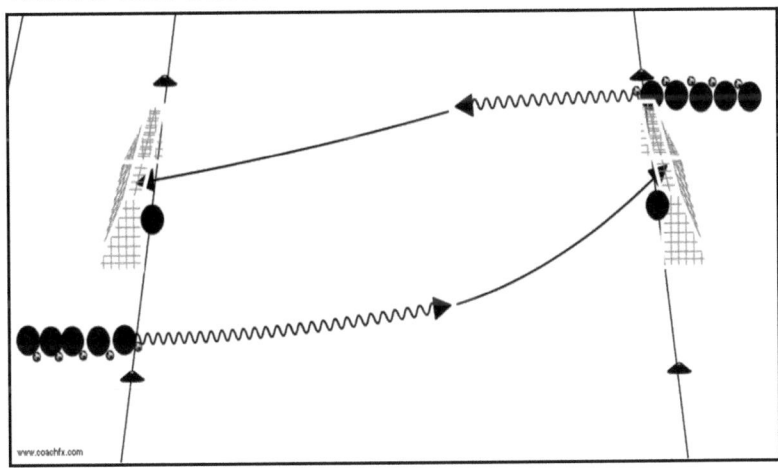

 # Trainingsübungen für Bambini / F-Jugend

- Jetzt folgt eine Dribbel- und Torschussübung für die Halle.

Ablauf:

Jede Mannschaft legt einen Torwart fest, der beliebig ausgetauscht werden kann.

Die Übung ist kein Wettkampf, sondern reines Training. Die Spieler laufen mit Ball an, dribbeln durch die Fahnenstangen, führen den Ball geschickt durch den Mattenkanal und ziehen auf das Tor ab (Abstand zum Tor der Schusskraft anpassen). Erst nach dem Torschuss läuft der nächste Schütze los, damit der Torwart genügend Zeit hat, den Ball aus dem Spiel zu bringen.

Nach dem Schuss wird sich hinten wieder angestellt.

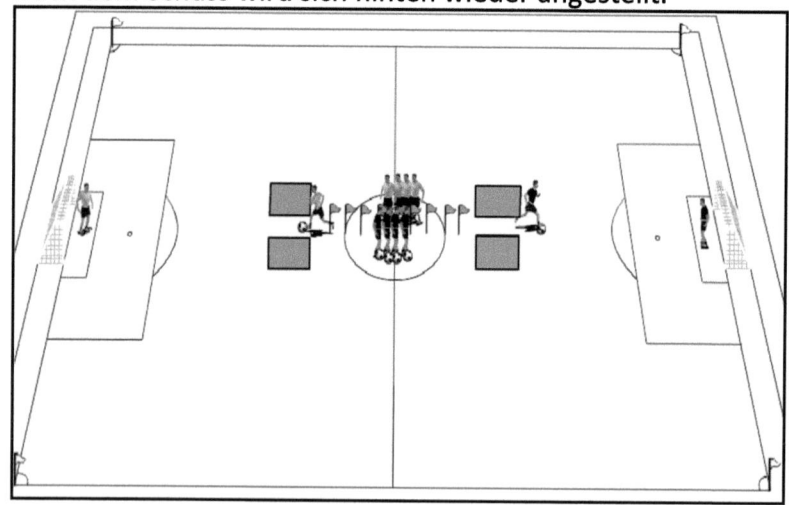

- Hier bei dieser Übung werden zwei kleine Tore nebeneinander mit jeweils einem Torwart besetzt. An den Außenlinien werden 3 – 5 Hütchen mit einem Abstand von

einem Meter hintereinander aufgestellt. Jetzt werden zwei Gruppen gebildet, die hintereinander mit jeweils einem Ball etwa 20 Meter vor den Toren postiert sind (siehe untere Abbildung).

Ablauf: Die beiden „Startdribbler" dribbeln synchron auf die beiden Torleute zu, und sollen diese ausspielen. Der Ball soll ins Tor gedribbelt, und nicht geschossen werden. Die Torwächter müssen dabei den Feldspielern entgegenlaufen, und sollen ihnen den Ball abnehmen. Hat der Torwart den Ball oder ihn „weggespitzelt", ist für den Feldspieler der Durchgang beendet. Er nimmt sich seinen Ball, dribbelt an der Außenlinie entlang, Slalom durch die Markierungshütchen, und stellt sich wieder hinten seiner Gruppe an. Bei einem Torerfolg oder Pass neben das Tor erfolgt der gleiche Ablauf. Der nächste Fußballer darf erst starten, wenn der aktive Spieler sich der Gruppe hinten angestellt hat.

Welche Mannschaft erzielt zuerst 10 Tore?

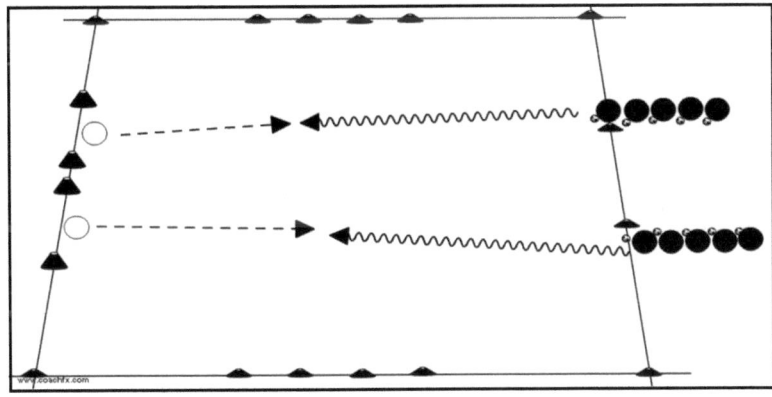

57

- Die folgende Übung heißt **Hütchenwald** und bereitet den Kindern (Bambini und F-Junioren) in der Regel großen Spaß.

Übungsaufbau und Ablauf:

Die Spieler werden in 2 Gruppen eingeteilt.

Zwei Tore mit Torhütern im Abstand von ca. 30 Metern gegenüber aufstellen.

Hütchenwald mit 2 verschiedenen Farben errichten (siehe Grafik).

Neben den Toren werden jeweils 3 kleine Hürden aufgebaut.

Jeder Gruppe wird ein Tor und eine Hütchenfarbe zugewiesen. Die Kinder dribbeln im Hütchenwald und müssen zuerst 4 Hütchen der eigenen Mannschaft beim Dribbling mit der Hand berühren.

Anschließend dribbelt der Spieler jeweils zum gegnerischen Tor und schießt von der markierten Linie aus aufs Tor.

Auf dem Rückweg zum Hütchenwald wird zu den Hürden gedribbelt. Der Ball wird durch die Hürden gespielt, und der Spieler überspringt diese (siehe Grafik).

Variation: Vor dem Hütchen den Ball in die Hände nehmen und das Hütchen überspringen.

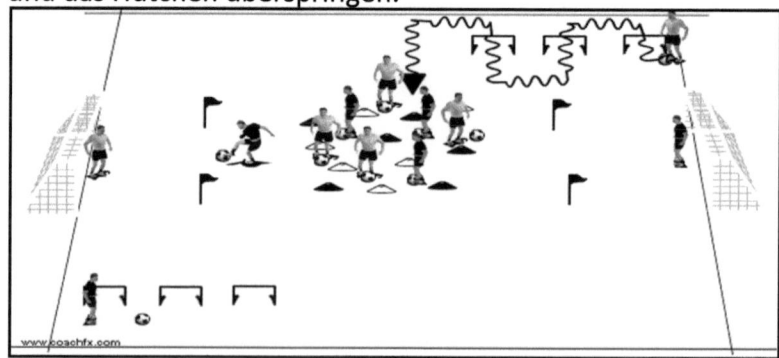

- Hier stehen nun zwei besetzte Tore nebeneinander. In etwa 25 Meter Entfernung steht jeweils eine Gruppe zentral vor dem Tor. Jeder Spieler besitzt einen Ball. Vor den Toren stehen jeweils zwei Pylonen hintereinander, der Abstand beträgt etwa 4 – 5 Meter (siehe dazu die untere Abbildung).

Ablauf: Die ersten Spieler jeder Gruppe dribbeln um das erste Markierungshütchen, zurück zum Start, dann zur vorderen Pylone, und schließen dort mit einem Torschuss ab. Nach dem Torschuss startet der nächste Fußballer. Die Schussentfernung wird natürlich der Schusskraft und -technik angepasst.
Die Schützen holen sich selbstverständlich den Ball, und stellen sich ihrer Gruppe wieder an.

Variation: Die Übung wird auf Minitore ohne Torwart wiederholt, und ein Wettkampf gestartet.
Die Spieler sollen nun aus einer Entfernung von 7 – 10 Meter den Ball ins Tor schießen. Schafft ein Fußballer dies, hat er seine „Arbeit" erledigt, und beendet seine Wettkampfteilnahme. Misslingt der Einschuss, muss dieser Spieler seinen Ball holen, und sich der Gruppe wieder anstellen.
Es muss aber streng darauf geachtet werden, dass der Nächste erst los dribbelt, wenn sein Vorgänger geschossen hat.

Welche Gruppe hat zuerst alle Bälle im Minitor „versenkt"?

Trainingsübungen für Bambini / F-Jugend

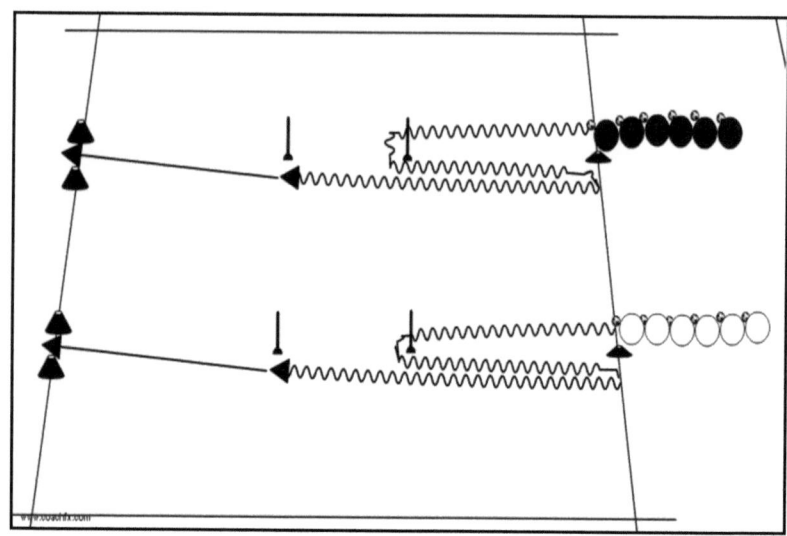

- Und hier kommen wir zu einer Dribbelübung für die Bambinis, die wir **Autorennen** nennen. Sie macht in der Regel den Kleinen einen Riesenspaß.

Übungsaufbau und Ablauf:
Es wird eine Rennbahn mit Hütchen aufgebaut, die am Ende zu einem Tor führt. Alle Spieler stellen sich an der Startlinie mit Ball auf. Auf ein Trainerkommando beginnt das Rennen. Die Spieler dribbeln entlang der Rennstrecke und schießen den Ball am Ende der Strecke ins Tor. Welche Spieler erzielen die schnellsten Tore?

Variation:
Die Spieler tragen den Ball und werfen diesen dann ins Tor.

Trainingsübungen für
Bambini / F-Jugend

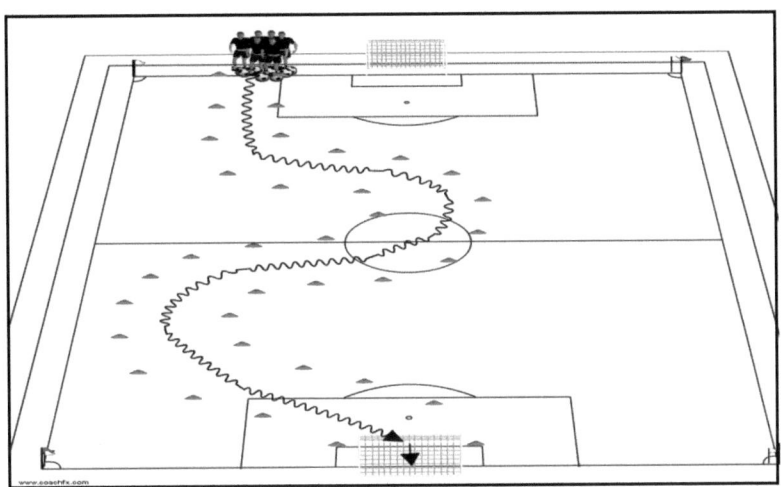

- Hier kommen wir zu einem schönen Dribbelwettkampf für die Halle.

Es werden zwei Mannschaften gebildet. Innerhalb der Mannschaften stehen die kleinen Fußballer hintereinander, der Startläufer ist in Ballbesitz. Die Gruppen stehen 10 Meter voneinander entfernt.

20 Meter vor jeder Gruppe befindet sich ein großer Turnkasten mit der breiten Seite zu den Kindern. Fünf Meter vor jedem Kasten liegt eine Markierung (siehe untere Abbildung).

Ablauf: Auf ein Startkommando dribbeln die Startläufer Richtung Kasten. Auf Höhe der Markierung schießen sie den Ball kräftig gegen diesen. Der zurückprallende Ball wird angenommen, zurückgedribbelt, und an den nächsten Spieler übergeben.

Die Mannschaft, die zuerst alle Spieler im Ziel hat, ist natürlich Sieger.

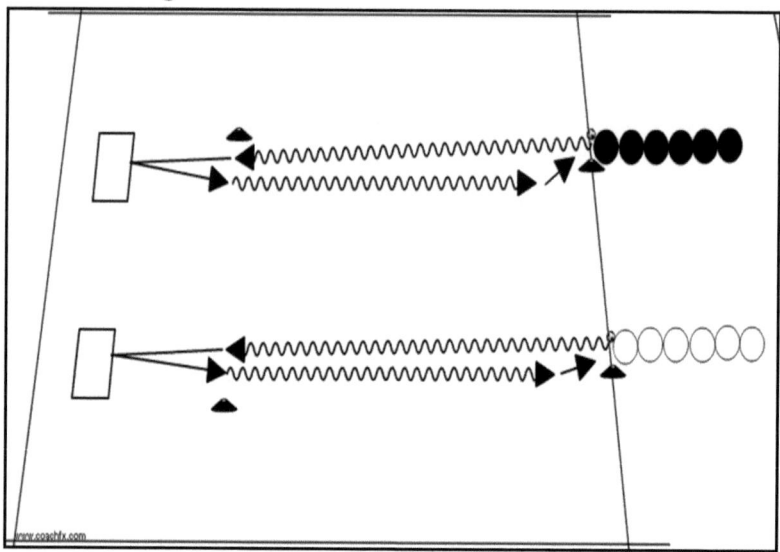

- Der nächste Wettkampf heißt „**Zielschießen**".

Übungsaufbau und Ablauf:
Je nach Anzahl der Spieler und Betreuer werden 3 oder mehr spitz zulaufende Punktefelder (Dreiecke) mit Hütchen aufgebaut.

Dahinter befindet sich, wenn möglich ein etwas größeres Hütchen oder ein anderer Gegenstand.

Ca. 5 Meter davor wird eine Schusslinie mittels Fahnen abgesteckt. Nochmals ca. 15 Meter davor befinden sich gleichgroße Gruppen mit Ball (siehe Grafik).

Auf ein Trainerkommando dribbeln die jeweils ersten Spieler jeder Gruppe bis zur Schusslinie, und versuchen von dort aus

durch das Punktefeld zu schießen.

Verlässt der Ball, z.b. nach dem dritten Hütchen das Dreieck bekommt der Spieler, und damit die Mannschaft 3 Punkte.

Der Spieler holt seinen Ball und läuft so schnell wie möglich zu seiner Gruppe zurück (hierbei kann der Ball getragen oder auch gedribbelt werden).

Jetzt folgt ein weiteres Trainerkommando, und der jeweils nächste Spieler ist an der Reihe, etc.

Welche Mannschaft hat nach einigen Durchgängen die meisten Punkte?

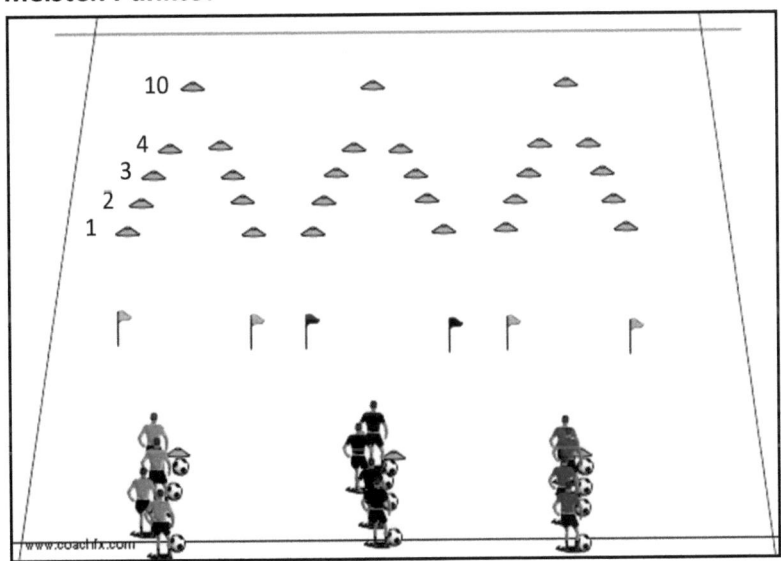

 # Trainingsübungen für Bambini / F-Jugend

- Die folgenden beiden Übungen sind für Bambini und F-Jugend gleichermaßen geeignet, in der Halle wie auch auf dem Sportplatz. Die Übungsauswahl wird dem physischen und technischen Leistungsstand angepasst. Der erste Teil der Übung wird ohne Ball durchgeführt, es wird lediglich ein Feld von etwa 20 x 20 Meter abgesteckt. Die kleinen Fußballer verteilen sich im Feld, und laufen „frei" herum.

Auf ein Kommando sollen sie kurzfristig, z.B. folgende Übungen absolvieren:

- Spinnengang auf allen Vieren
- Seitlich rollen
- Auf allen Vieren krabbeln
- Auf einem Bein hüpfen
- Auf beiden Beinen hüpfen
- Hopserlauf
- Beidbeiniger Hocksprung
- Skipping
- Kniehebelauf usw.

- Nachfolgende Übung:

Jetzt bekommt jedes Kind einen Ball. Mit diesem dribbeln sie wieder „frei" durch das Feld. Auf ein Kommando sollen sie nun bestimmte Finten ausüben wie z.B.:

- Übersteiger
- Schuss antäuschen und weiter dribbeln

Trainingsübungen für
Bambini / F-Jugend

- Beckenbauerdrehung
- Puskastrick usw.

Natürlich kommen hier bei den Bambini lustige Bewegungen heraus. Aber die Erfahrung ist, dass die Übung den meisten Kindern großen Spaß macht. Die Übungsdauer muss aber auf wenige Minuten begrenzt bleiben.

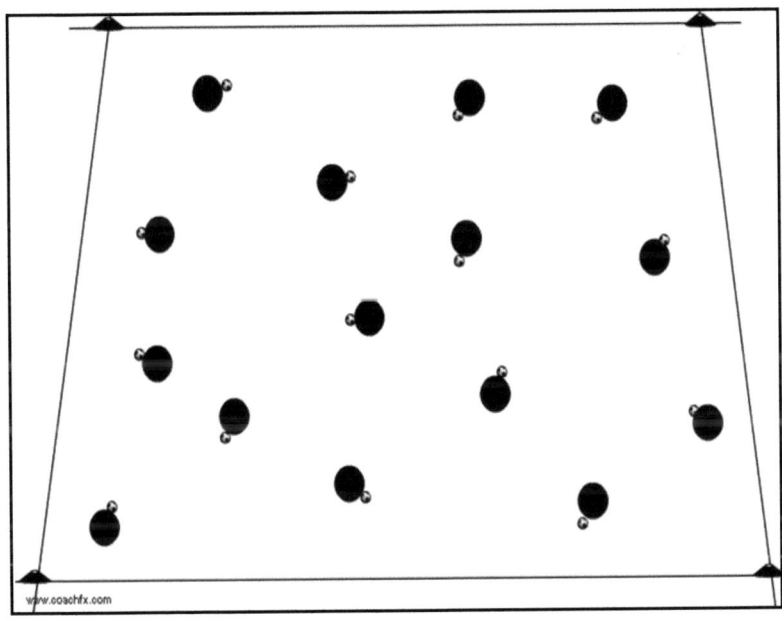

Trainingsübungen für
Bambini / F-Jugend

Liniendribbeln

Übungsaufbau und Ablauf: siehe Grafik

Die hellen Spieler versuchen ihre jeweilige Linie zu verteidigen. Die dunklen Spieler versuchen durch beide Linien zu dribbeln. Gelingt dieses, gibt es 2 Punkte. Wird nur eine Linie durchdribbelt, gibt es einen Punkt, sonst keinen. Nach einiger Zeit werden die Aufgaben gewechselt.

Welches Team bekommt die meisten Punkte?

Trainingsübungen für
Bambini / F-Jugend

- Nun beschreiben wir eine schöne Übung zum Dribbeln und Passen.

Übungsaufbau und Ablauf: siehe Grafik

Es werden Paare mit jeweils einem Ball gebildet. Der Spieler mit Ball dribbelt zum nächsten Hütchentor und passt dem mitgelaufenen Partner den Ball durch das Hütchentor zu. Dieser dribbelt jetzt zum nächsten Hütchentor und passt den Ball wieder durch das Tor zum Mitspieler usw.

www.coachfx.com

Trainingsübungen für
Bambini / F-Jugend

- Nun markieren wir ein Feld von etwa 20 x 20 Metern. Auf zwei gegenüberliegenden Seiten stellen wir, diagonal versetzt, je ein Jugendtor auf. Die Tore werden mit je einem Torwart belegt. Es werden zwei Gruppen, wie auf der unteren Abbildung gezeigt, aufgestellt. Jedes Kind besitzt einen Ball.

Ablauf: Die kleinen Fußballer dribbeln nacheinander auf die Tore, und schließen mit einem Torschuss ab. Die Entfernung wird natürlich der Schusskraft angepasst. Danach holen sie sich wieder ihren Ball und stellen sich bei der anderen Gruppe wieder an.

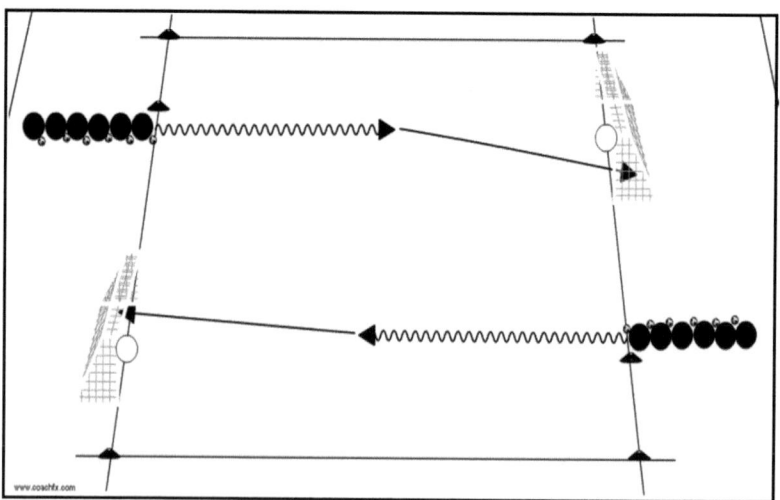

- In der folgenden Torschussübung werden wieder zwei Gruppen gebildet.

Trainingsübungen für Bambini / F-Jugend

In jeder Gruppe wird eine Zweiergruppe zu scheinbar unbesiegbaren Torleuten erklärt. Diese Torleute stellen sich in ein Tor und auf der anderen Seite das Gleiche (s.Abb.). Die Zweiergruppen laufen nun nacheinander mit einem Ball auf die Unbesiegbaren zu und müssen von einer bestimmten Entfernung auf das Tor schießen. Während des Anrennens wird auch abgespielt und der Torschütze bestimmt.

Gelingt das Tor, werden der Torschütze und sein Partner zu den Unbesiegbaren erklärt und übernehmen das Tor, die vorher Unbesiegbaren müssen nun auch auf das Tor anlaufen und wollen natürlich ihren Status zurück.

Es werden hier zwei Gruppen gebildet, die unabhängig voneinander auf ihr Tor schießen, damit die Wartezeiten nicht zu lang werden.
Die Torentfernung wird so gewählt, dass die Unbesiegbaren eine gute Chance haben, die Bälle abzuwehren.

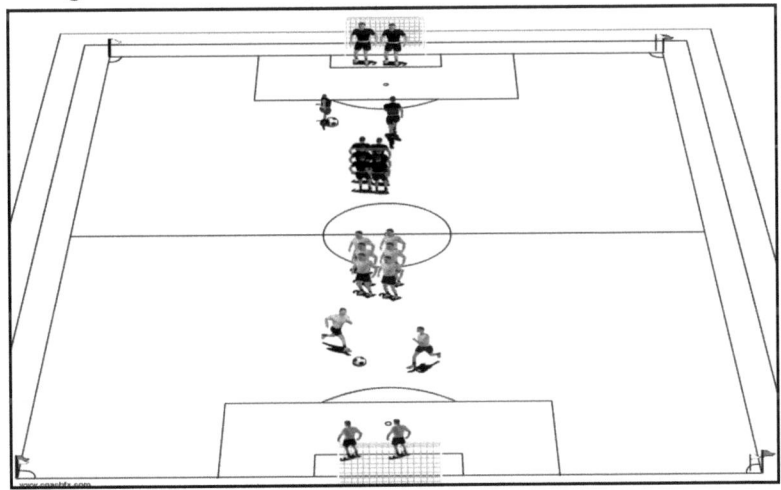

# Trainingsübungen für Bambini / F-Jugend

- Bei der folgenden Übung werden zwei besetzte Jugendtore, zwei Koordinationsleitern oder viele Stäbe (lange Bänder gehen auch) benötigt (siehe untere Abbildung).
20 – 25 Meter vor jedem Tor stehen die Fußballer hintereinander in einer Reihe. Die ersten Spieler jeder Gruppe laufen an, nach einigen Metern müssen sie kleine Trippelschritte, möglichst schnell, durch die Koordinationsleiter (bzw. Bänder, Stangen) absolvieren. Nach dem Trippeln werden sie von einem Anspieler mit einem Ball bedient, und schießen aus etwa 10 – 15 Metern auf das Tor. Die Torentfernung richtet sich natürlich nach der vorhandenen Schusskraft.
Nach dem Schuss läuft der nächste Spieler an, und der Schütze bringt den Ball zum Anspieler zurück.

Variation: Vor der Koordinationsleiter werden noch mehrere Markierungshütchen hintereinander, und in einem Abstand von etwa einem Meter aufgebaut. Diese sollen vor der Koordinationsleiter mit höchster Geschwindigkeit in Slalomform durchlaufen werden.

Zusätzliche Variationen:

- Die Übung wird in Wettkampfform gespielt. Welche Mannschaft erzielt zuerst 10 Tore?

- Es darf nur mit dem linken Fuß geschossen werden.

- Die Schusstechnik wird vorgegeben usw.

 # Trainingsübungen für
Bambini / F-Jugend

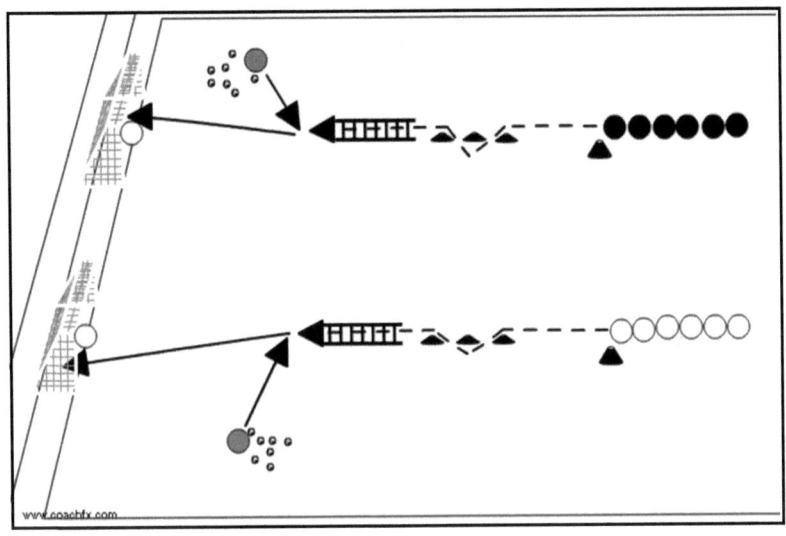

- Die nächsten drei Übungen beinhalten ein **Schusstraining unter Bedrängnis.**

Die Spieler stehen etwa 30 Meter vor dem Tor (mit Torwart) in zwei Gruppen hintereinander und 2 – 3 Meter auseinander. Dazwischen steht der Trainer oder die Trainerin mit vielen Bällen und schießt einen Ball möglichst gerade Richtung Tor mit entsprechender Stärke (die Kinder sollen den Ball ja spätestens 10 Meter vor dem Tor bekommen). Die beiden ersten Fußballer jeder Gruppe kämpfen nun um den Ball und sollen schnell den Torabschluss suchen. Danach bringen sie den Ball zum Trainer zurück und stellen sich hinten wieder an. Die Übungsdauer wird auf 5 – 6 Minuten (gilt auch für die folgenden Übungen) begrenzt und muss in schneller Abfolge durchgeführt werden. Bei sehr vielen

Kindern wird ein zweites Tor mit Torwart eingesetzt (Betreuer oder Elternteil springt hier mit ein).

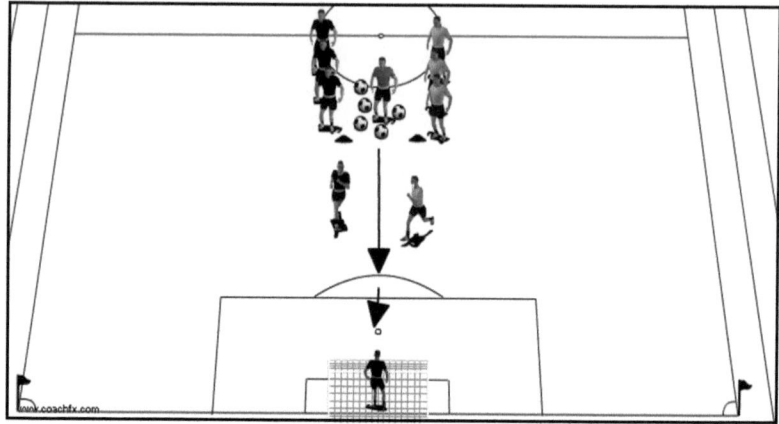

- Zwei Hütchen werden versetzt etwa 30 Meter vor dem Tor aufgestellt und wieder zwei Gruppen gebildet. Auf ein Trainerkommando starten die ersten Spieler jeder Gruppe. Der weiße Spieler mit Ball sucht den Torabschluss, der Schwarze versucht, ihn daran zu hindern oder sogar selbst abzuschließen.

 # Trainingsübungen für Bambini / F-Jugend

- Die beiden ersten Spieler starten auf ein Trainerkommando, umlaufen die Fahnen und kämpfen um den Pass des Trainers mit entsprechendem Torabschluss.

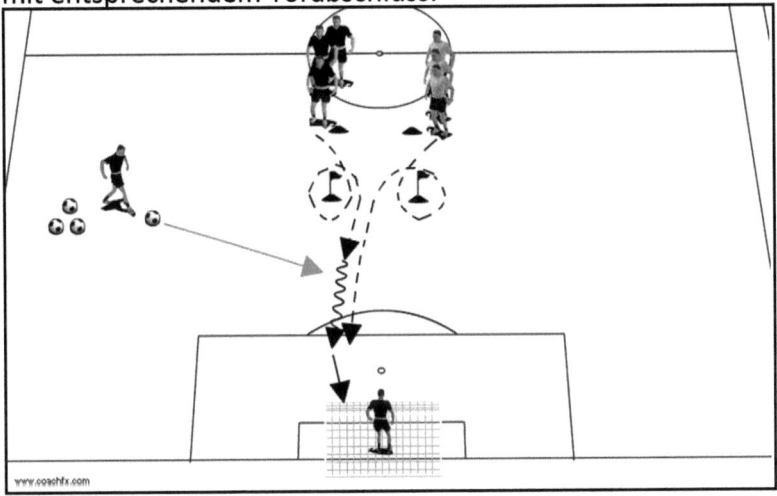

- Hier stellen wir eine interessante Übung zur Schulung des Innenspannstoßes für Bambini und F-Jugend vor.

Bei dieser Übung laufen die Kinder parallel zur Toraußenlinie seitlich zum Tor an. Die Entfernung muss dem Alter und dem Leistungsstand entsprechend angepasst sein (Entfernung zum Tor etwa 10 – 15 Meter). Eine Gruppe läuft von links an und schließt dementsprechend mit dem rechten Fuß ab, die andere Gruppe von rechts und schließt mit dem linken Fuß ab. Die beiden Gruppen wechseln sich ab und tauschen nach einiger Zeit auch komplett die Seiten (beim Abschluss mit links kann die Torentfernung auch weniger als 10 Meter betragen, wegen der mangelnden Schusskraft für die meisten

im linken Fuß). Es darf nur mit dem Innenspann abgeschlossen werden. Der Trainer oder die Trainerin markiert mit kleinen Pylonen die Torschusshöhe (sehr zentral vor dem Tor).

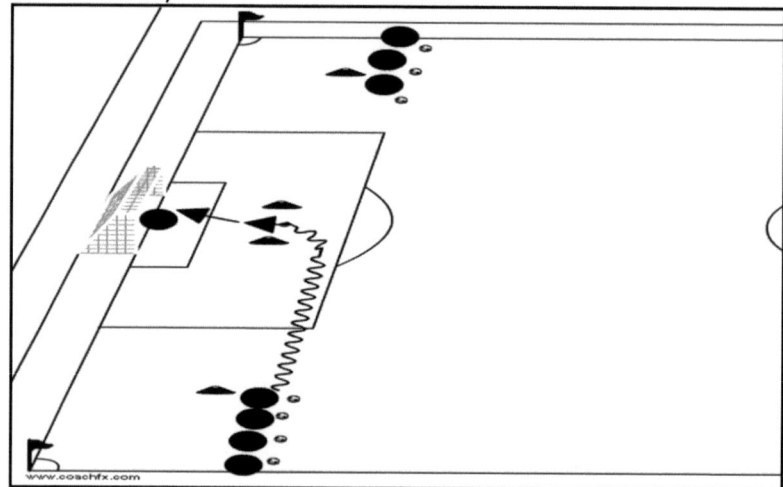

- Die nächste Übung bereitet den Bambinis und F-Junioren in der Regel einen Riesenspaß.

Es wird ein kleines Fußballfeld von etwa 30 Meter Länge mit zwei Toren errichtet.
Genau in der Mitte des Feldes stehen zwei Pylonen auf gleicher Höhe in einem Abstand von 10 Metern auseinander (siehe nächste Abbildung).
Zwei „Zerstörer" stehen zwischen den Markierungshütchen, und dürfen sich nur in diesem gedachten Linienbereich bewegen (1 – 2 Meter dürfen sie sich allerdings auch nach vorn bewegen).

Trainingsübungen für Bambini / F-Jugend

Neben jedem Tor steht eine Mannschaft mit 4 – 7 Spielern. Jeder Fußballer besitzt einen Ball.

Ablauf: Auf ein Trainerkommando dribbelt die erste Mannschaft los, und jeder Spieler muss den Ball eng geführt durch die Pylonen bringen. Die „Zerstörer" versuchen sie daran zu hindern. Berührt ein Zerstörer den Ball (außer mit Arm oder Hand), wehrt ihn ab oder kommt sogar komplett in Ballbesitz, scheidet der entsprechende Spieler mit seinem Ball aus. Die anderen Spieler dribbeln weiter, und müssen den Ball aus einer Entfernung von etwa 10 - 12 Metern ins Tor schießen. Jeder Treffer zählt einen Punkt. Spieler, die nicht treffen, scheiden nicht aus dem Spiel aus.
Die verbleibenden Spieler nehmen sich wieder ihre Bälle, und stellen sich neben das andere Tor.
Jetzt startet die andere Mannschaft usw. Scheidet der letzte Spieler aus, hat die Mannschaft mit den meisten Punkten gewonnen.

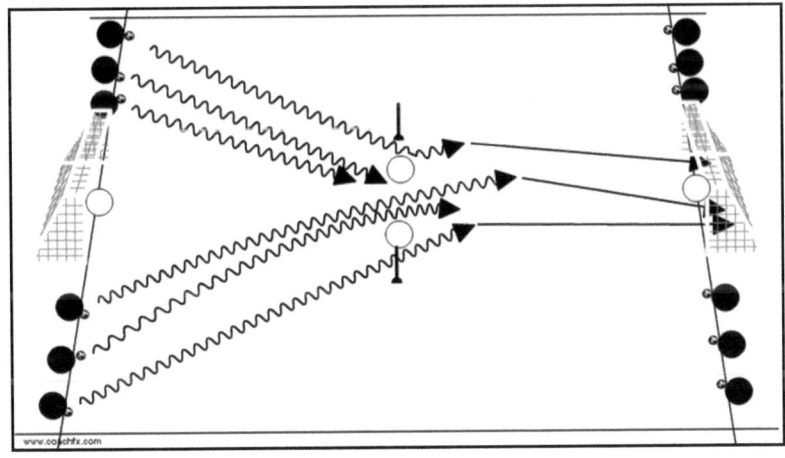

 # Trainingsübungen für Bambini / F-Jugend

Übungsreihe zur Schulung des Vollspannstoßes

Im Bambinibereich sind die Übungen nur mit Einschränkungen durchführbar. Die Auswahl bestimmt hier der Trainer oder die Trainerin.

- Die Kinder halten den Ball mit beiden Händen vor dem Körper. Sie sollen dann den Ball etwas hochwerfen und den Ball etwa in Kniehöhe mit dem Vollspann mit mittlerer Stärke treffen. Der Ball soll dabei möglichst gerade nach vorn fliegen (diese Übungen werden am besten vor einem großen Tor durchgeführt, damit die Laufwege zum Ball nicht zu lang werden). Es werden beide Füße abwechselnd trainiert.
- Diesmal soll der Ball mit dem Vollspann getroffen, senkrecht nach oben geschossen werden.
- Gleich Übung, aber jetzt stehen die Spieler 2 – 3 Meter vor dem Tor und sollen den Ball hoch ins Netz schießen.
- Gleiche Übung wird jetzt mit höchster Intensität trainiert.
- Gleiche Übung, aber jetzt soll der Ball in Dropkickform getroffen werden.
- Jetzt wird ein Strafstoßschießen mit Vollspann geübt, abwechselnd mit links und rechts und auf zwei Tore, damit eine Übungshäufigkeit garantiert ist. Auch wenn die Übungen mit dem schwachen Fuß wirklich sehr „erbärmlich" aussehen, trainieren wir in F- und E-Jugend beidfüßig.

 # Trainingsübungen für Bambini / F-Jugend

„Was Hänschen nicht lernt, lernt Hans nimmer mehr", lautet hier die Devise.

Diese Grundübungen oder andere, werden beim Training wiederholt eingesetzt, bis eine Grundtechnik vorhanden ist und dynamische Übungen sinnvoll eingesetzt werden können (für die nächsten Übungen Voraussetzung).

Dynamische Trainingsübung (hier mit Vollspann)

- Der Trainer steht mit vielen Bällen im Tor. Die Kinder stehen 20 Meter zentral vor dem Tor in einer Reihe. Der Trainer schießt den Ball leicht Richtung erstem Schützen, so dass er den Ball etwa 10 – 15 Meter vor dem Tor erwischt. Der Fußballer läuft dem Ball entgegen und soll ihn mit voller Wucht und Vollspann auf den Trainer abfeuern. Dieser versucht, auszuweichen und passt mit höchstmöglicher Geschwindigkeit auf den nächsten Schützen usw.
Danach wird die Übung leicht verändert, jetzt sollen die Kinder den Ball genau „in den Winkel" rechts oder links oben platzieren.

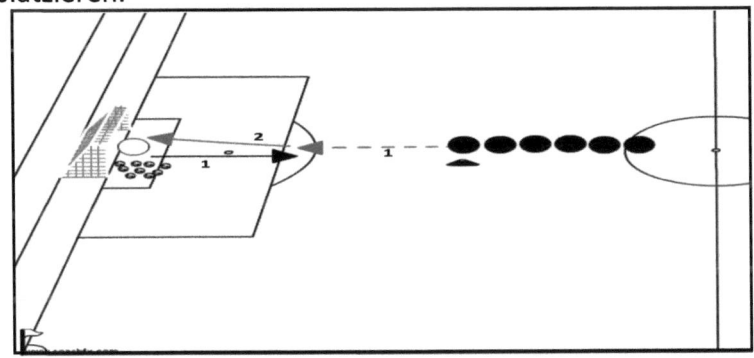

Trainingsübungen für
Bambini / F-Jugend

Die nächste Übung ist für die Bambinis gedacht. Sie dient zur Schulung des Dribblinsg und der Passgenauigkeit.

Aufbau: Feld 20x20 Meter mit 4 Minitoren (siehe Skizze)
Abauf: Die kleinen Fußballer dribbeln frei im Feld, und schießen ab und wann auf ein Minitor. Die minimale Torschussentfernung wird vorher vom Trainer oder der Trainerin markiert (in der Regel 4 -6 Meter).
Nach dem Torschuss wird der Ball wieder ins Spiel gebracht und weiter gedribbelt. Die Tore müssen abwechselnd „besucht" werden.
Mögliche Wettkampfformen:
- Wer erzielt zuerst fünf Tore?
- Wer erzielt die meisten Tore in zwei Minuten?
- Wer erzielt zuerst drei Tore mit dem linken Fuß?

Nach dieser Übung bietet sich ein Fußballspiel auf vier Tore an, und ein Abschlussspiel auf zwei Tore.

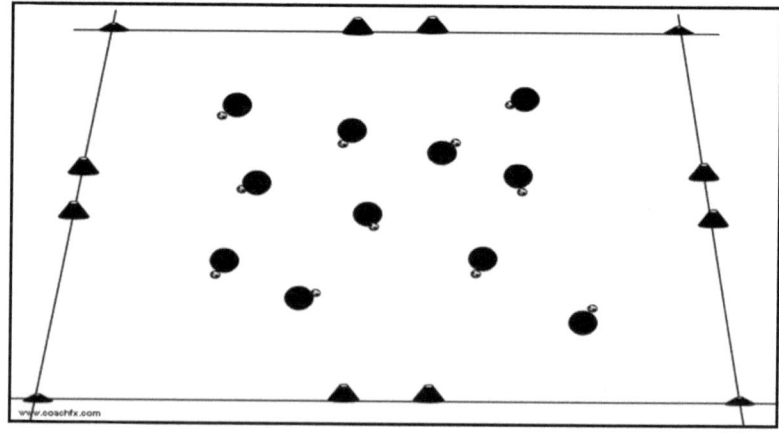

Trainingsübungen für Bambini / F-Jugend

Übungsreihe zur Schulung des Innenseitstoßes

Die kleinen Fußballer werden in Gruppen mit jeweils fünf Kindern aufgeteilt. Vier Kinder bilden ein Rechteck oder Kreis um das fünfte Kind mit Ball. Der Abstand des zentralen Kindes zu den anderen beträgt etwa fünf Meter.

Auf Kommando spielt das Kind im Zentrum den Ball zum ersten Kind im Kreis, erhält den Ball zurück, spielt ihn weiter zum nächsten und bekommt ihn wieder zurück usw. Der Ball soll direkt gespielt werden, wenn der Leistungsstand dies erlaubt.

Nach kurzer Zeit wird gewechselt.

- Gleiche Übung, aber jetzt darf der Ball nur noch mit links gespielt werden.

- Gleiche Übung, aber jetzt ist eine Reihenfolge nicht mehr vorgegeben.

- Jetzt spielen die Kinder „5 gegen 2" oder eine andere Form mit mehreren Ballkontakten, zwei Ballkontakten oder zum Schluss auch direkt. Die Spielform ist hier sehr stark abhängig vom Leistungsstand.

Erkämpfen die beiden Spieler in der Mitte den Ball, darf der Spieler den Kreis verlassen, der sich dort länger aufgehalten hat.

- Die Kinder passen sich den Ball abwechselnd mit der linken und rechten Innenseite zu. Der Ball wird zuerst gestoppt und dann direkt gespielt, wobei er durch zwei Hütchen gepasst werden soll. Die Entfernung ist abhängig vom Trainingszustand. An dieser Station trainieren ein bis zwei Paare.

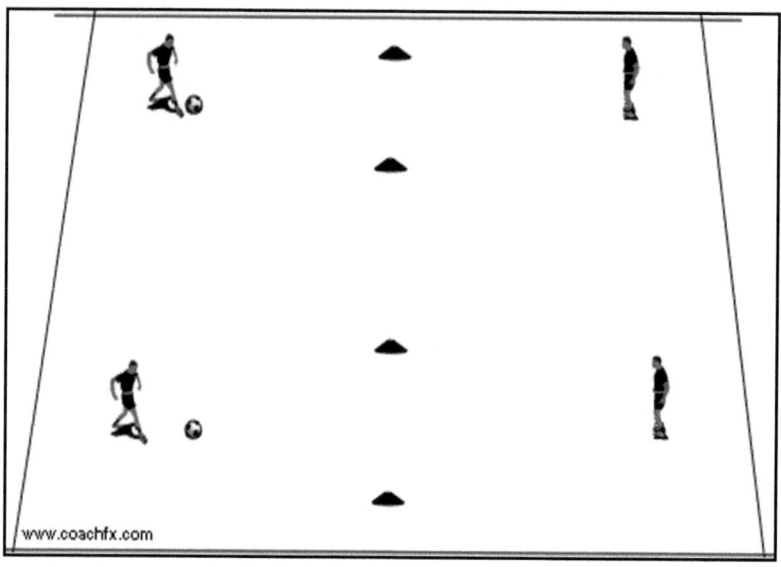

Trainingsübungen für Bambini / F-Jugend

Übung zur Schulung der Passgenauigkeit und der fußballspezifischen Ausdauer

Ablauf: Eine Hälfte der Kinder hält einen Gymnastikreifen fest. Dabei wird er am Boden senkrecht mitabgestützt. Die „Reifenkinder" stehen in einer Linie etwa jeweils fünf Meter auseinander.

Vor und hinter jedem Reifen liegt eine Markierung. Die Entfernung beträgt 3 – 6 Meter, und ist abhängig von der Schussgenauigkeit der kleinen Fußballer.

Die Spieler ohne Reifen stehen alle auf der gleichen Seite. Auf dieser Seite liegt jeweils ein Ball auf der Markierung.

Auf ein Trainerkommando versuchen alle Kinder, den Ball durch ihren Reifen zu schießen. Unabhängig vom Erfolg oder Misserfolg laufen sie jetzt mit voller Geschwindigkeit zu der anderen Markierung, und legen den Ball auf diese, und schießen erneut usw.

Welches Kind schafft z.B. zuerst fünf Treffer?

Nach jedem Durchgang wird natürlich die Aufgabenverteilung getauscht.

Variationen:

- Es darf nur mit dem linken Fuß geschossen werden.

 # Trainingsübungen für Bambini / F-Jugend

- Es darf nur mit dem Vollspann geschossen werden.

- Der Ball darf nur auf die Markierungen gedribbelt werden usw.

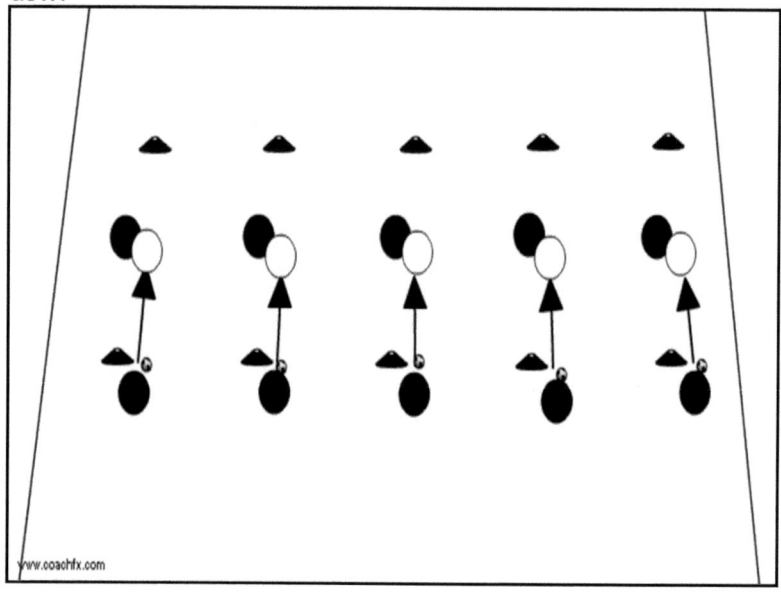

- Die folgende Übung ist sehr anspruchsvoll, und nur für die F-Junioren geeignet. Wir beschreiben hier eine Doppelpassübung mit der Innenseite und abschließendem Torschuss.

Übungsaufbau und Ablauf:
Ein Tor wird besetzt, der erste Spieler in der Reihe spielt nacheinander mit den festen Positionsspielern Doppelpass und schließt mit einem Torschuss aus 10 – 15 Metern ab.

 # Trainingsübungen für
Bambini / F-Jugend

- Zwei Mannschaften werden gebildet. Die Spieler stehen jeweils hintereinander etwa 20 Meter vor einem Jugendtor, dass mit dem Trainer oder der Trainerin als Torwart besetzt ist. Jeder Spieler ist in Ballbesitz (nach Möglichkeit sind die Bälle jeder Mannschaft eindeutig zuzuordnen z.B. nach Farbe). Fast direkt vor dem „Startdribbler" jeder Mannschaft stehen jeweils vier Pylonen in einer Reihe hintereinander. Der Abstand der Markierungshütchen beträgt etwa einen Meter. Die Mannschaften sind etwa fünf Meter voneinander entfernt (siehe hierzu auch die nächste Abbildung).

Ablauf: Nach einem Trainerkommando laufen die „Startdribbler" los, führen den Ball Slalom durch die Pylonen, und schließen die Aktion mit einem Schuss aus 7 – 10 Metern ab. Die Entfernung wird hier wiederum der Schusskraft der Spieler angepasst. Der Trainer oder die Trainerin versucht die Bälle zu halten. Bei „Synchronschüssen" wird das allerdings sehr schwer.
Haben die „Startdribbler" geschossen, laufen die nächsten Kinder mit Ball los.
Fußballer, die ins Tor getroffen haben, beenden das Spiel, alle anderen müssen sich ihrer Mannschaft wieder hinten anstellen.
Die Mannschaft, die zuerst alle Bälle „versenkt" hat, ist Sieger.

Spielvarianten: Die Schusstechnik oder das Schussbein wird vorgegeben.

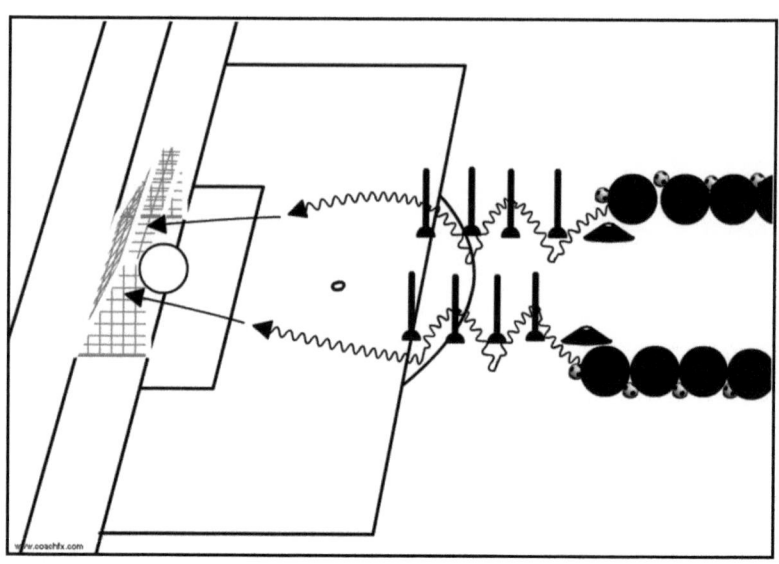

Weitere Dribbelwettkämpfe und Torschussübungen

Es werden zwei Mannschaften gebildet (siehe nächste Abb.). Auf ein Startkommando laufen die Startläufer mit Ball los, durchdribbeln die Stangen. Dann durchlaufen sie das Tor innen (weiße Fahnen), umrunden die ausgewählte Fahne, müssen außen um die Pylone und dürfen jetzt zurückdribbeln oder passen. Der Ball darf erst zum nächsten Spieler gepasst werden, wenn sich der ballführende Spieler auf Höhe der letzten Stange befindet. Bei einem ungenauen Pass kann hier also Zeit verloren gehen. Die Mannschaft, die ihren letzten Dribbler mit Ball über die Startlinie bekommt, ist natürlich Sieger.

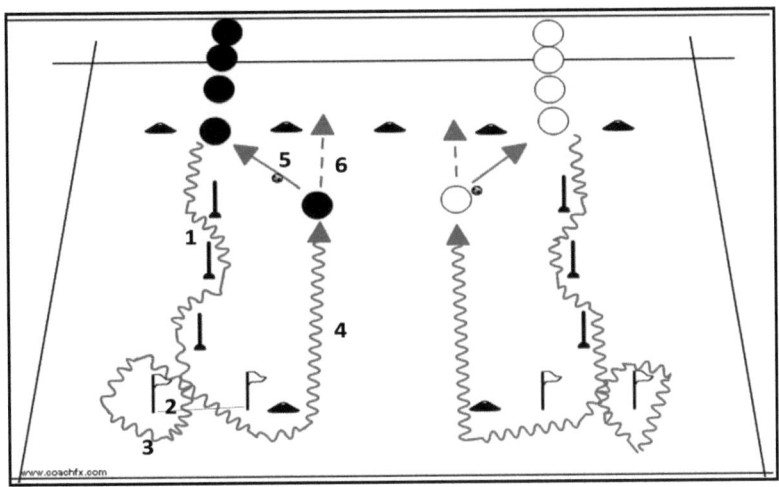

- Bei dieser Übung passt Spieler A zu Spieler B, dieser dribbelt mit dem Ball zu der Position von Spieler A und übergibt dem nächsten Spieler den Ball und stellt sich dort hinten an. Spieler A durchläuft die Fahnenstangen im Slalom mit höchster Geschwindigkeit und stellt sich auf der anderen Seite an usw.

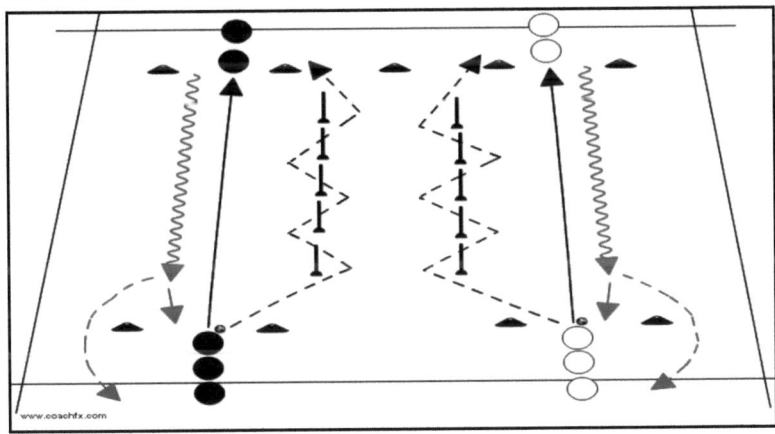

Trainingsübungen für Bambini / F-Jugend

Bei der nächsten Übung stehen die Spieler, jeweils mit Ball hintereinander in einer Reihe zentral etwa 25 Meter vor dem Tor. Der erste Fußballer läuft mit Ball los, durchdribbelt die hintereinander aufgestellten vier Fahnenstangen und schließt mit einem Torschuss aus 10 – 15 Metern ab. Er nimmt sich wieder seinen Ball und stellt sich in der Reihe wieder hinten an. Bei dieser Übung wollen wir eine hohe Frequenz erreichen und der nächste Spieler läuft schon los, bevor der vorhergehende geschossen hat. Bei dieser Übung steht der Trainer oder die Trainerin im Tor und bestimmt die Frequenz und Schusstechnik. Wir wollen hier den Innenseitstoß und Innenspannstoß trainieren.

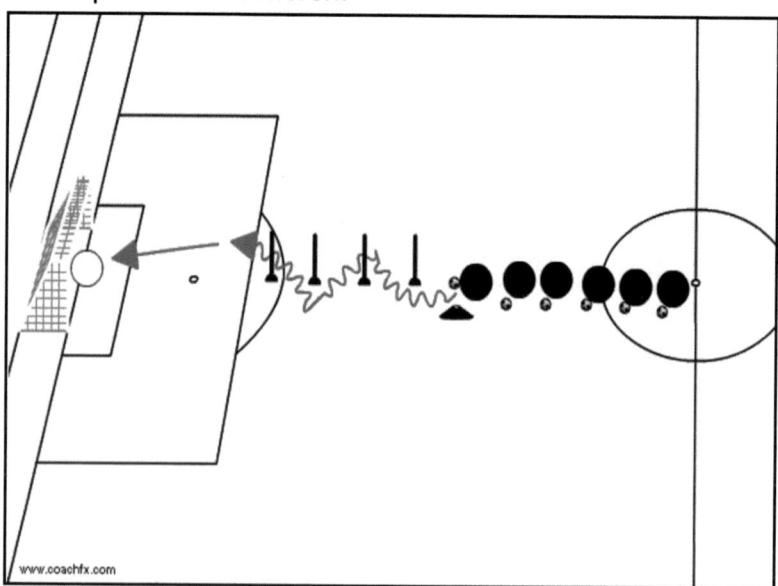

Trainingsübungen für
Bambini / F-Jugend

- Mit Pylonen werden zwei enge „Laufkanäle" geschaffen. Zwei Mannschaften werden gebildet, die sich hinter dem „Laufkanal" anstellen. Jeder Spieler ist in Ballbesitz. Auf ein Trainerkommando dribbeln die ersten Spieler mit höchstmöglicher Geschwindigkeit durch den „Kanal". Danach schießen sie aus einer Entfernung von etwa 7 – 12 Meter auf ein Minitor (siehe hierzu auch untere Abbildung). Jetzt startet das nächste Kind. Spieler, die getroffen haben, beenden den Wettkampf. Die anderen holen den Ball, und stellen sich ihrer Gruppe wieder an.

Welche Mannschaft „versenkt" zuerst alle Bälle.

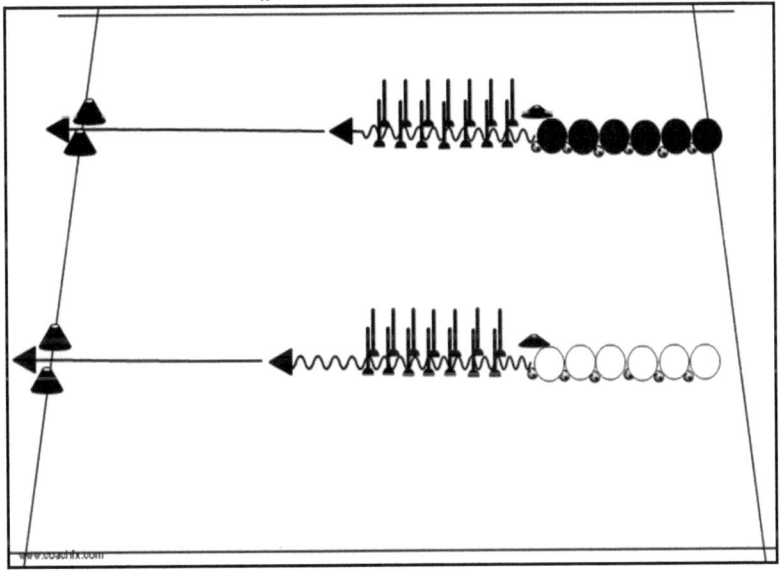

Trainingsübungen für Bambini / F-Jugend

Kleine Übungsreihe für Finten (ab der F-Jugend)

Der Trainer oder die Trainerin erklärt ein bis zwei leichte Finten, die die Kinder dann mit Ball, und erst einmal nur mit imaginärem Gegner üben sollen. Die Übungsdauer wird auf 5 Minuten begrenzt.

In dieser Einheit werden zwei **leichte** Finten erklärt. Im Anschluss daran werden weitere Finten erklärt, die dann in anderen Trainingseinheiten trainiert werden sollen. So ergibt sich durch Austausch eine Vielzahl weiterer kompletter Trainingstage.

Zur Verbesserung und Einprägung dieser Techniken, sollten Finten natürlich in mehreren Einheiten wiederholt werden. **Die Art der Finten wird dem Alter und der Leistungsfähigkeit der Kinder angepasst.**

Wir stellen hier 2 einfache Finten vor:

Finte 1: Die Spieler dribbeln mit Ball, täuschen einen Schuss kurz vor dem Gegenspieler an, dribbeln aber an ihm vorbei (hier ist die Hoffnung darauf gelegt, dass der Gegenspieler durch einen Schutzreflex oder Abwehrversuch des möglichen Torschusses kurz abgelenkt ist, und deswegen leicht umspielt werden kann).

Finte 2: Es wird wieder ein Schuss wie in Finte 1 angetäuscht, diesmal vollzieht der Spieler aber eine komplette Drehung mit Ball (360°) und zieht mit Ball an der anderen Seite vorbei. D.h., er täuscht einen Schuss mit rechts an, dreht sich mit

Trainingsübungen für
Bambini / F-Jugend

Ball rechts um die eigene Achse und umspielt den Gegenspieler auf der linken Seite (dementsprechend mit dem linken Fuß umgekehrt).

- Die Hauptübung dauert etwa 10 Minuten. Ein Tor ist besetzt, etwa 15 Meter zentral vor dem Tor postiert sich der Trainer oder die Trainerin. 10 Meter weiter davor stehen die Spieler hintereinander in einer Reihe. Mit Betreuer oder Co-Trainer wird an zwei Stationen gleichzeitig trainiert, an jeder Station nur eine Finte mit Wechsel nach etwa 5 Minuten. Die Spieler laufen zügig nacheinander auf den Trainer an und üben ihre Finte aus, ziehen am Trainer vorbei und schießen aus etwa 10 Meter Entfernung auf das Tor. Der Trainer ist natürlich nur ganz leicht aktiv tätig.

Bei dieser Übung sollte der Torwart häufig gewechselt werden.

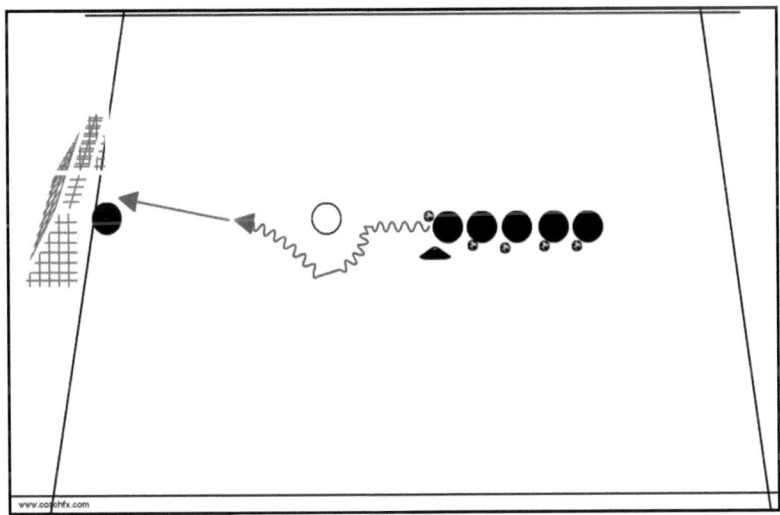

- Wir erstellen mit Pylonen ein Quadrat mit der Seitenlänge von etwa 15 x 15 Metern. Im Feld spielen vier Fußballer 3 gegen 1.

An jeder Ecke des Spielquadrats steht ein Spieler, einer davon ist in Ballbesitz. Die äußeren Spieler passen sich nun im Uhrzeigersinn den Ball zu, und sprinten jeweils ihren Abspielen auf die nächste Position nach.

Auf ein Trainerkommando wechseln die inneren Spieler nach außen und die äußeren Spieler nach innen. Diese Übung eignet sich hervorragend zur Schulung des Kurzpassspiels und Förderung der fußballspezifischen Ausdauer.

Variationen:

- Kurzpassspiel entgegen dem Uhrzeigersinn
- Kurzpassspiel außen nur mit links
- Innen nur zwei Ballkontakte
- Außen nur Passen mit Vollspann oder Außenspann (ab F-Jugend)

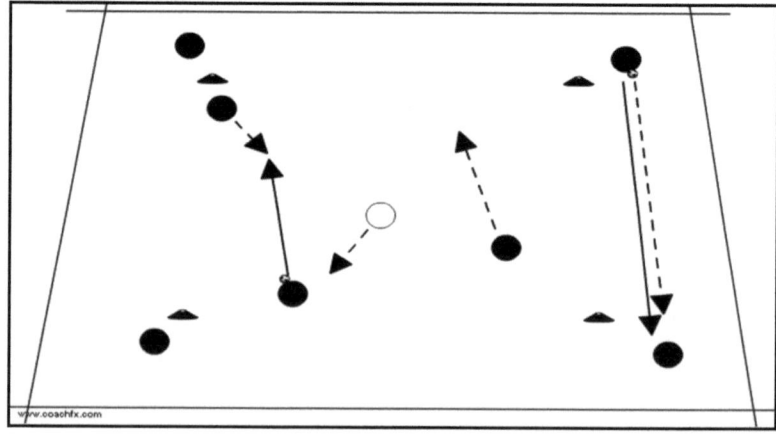

Übungsreihe für Übernehmen / Übergeben (ab F-Jugend)

Es werden jeweils zwei Hütchen mit einem Abstand von etwa 20 Metern aufgebaut. An jedem Hütchen stehen drei Kinder hintereinander, auf einer Seite hat jedes einen Ball.
Auf Kommando starten die ersten Kinder der Ballreihen mit einem Tempodribbling in Richtung des anderen Hütchens. Gleichzeitig starten die entsprechenden kleinen Fußballer von der anderen Seite entgegen. Ist ein Abstand von 2 – 3 Metern erreicht, erfolgt ein kurzer Pass zum Mitspieler. Dieser dribbelt nun weiter zum anderen Hütchen und stellt sich dort wieder an. Jetzt starten die nächsten Spieler usw.

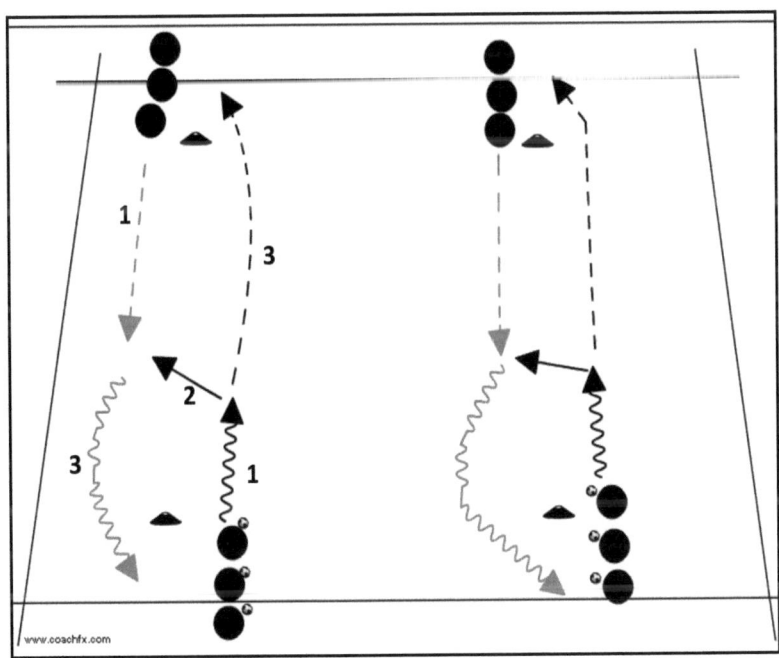

- Danach erfolgt die gleiche Übung, aber diesmal wird der Ball nur ganz kurz vor dem Mitspieler einfach „liegengelassen", der Partner versucht den Ball mit hoher Geschwindigkeit, kontrolliert und dribbelnd, mitzunehmen.

Als Nächstes wird der zuerst Ballführende rechts parallel von einem Gegenspieler (nur leicht aktiv und störend) begleitet. Der Ball wird wieder kurz vor dem Mitspieler „liegengelassen" (natürlich kommt der Partner von der anderen Seite, damit er nicht mit dem Gegenspieler kollidiert). Der Partner versucht wieder den Ball mit hoher Geschwindigkeit, kontrolliert und dribbelnd, mitzunehmen.

Zum Abschluss dieser Übungsreihe wechseln Gegenspieler und übernehmender Mitspieler die Laufseiten.

- Die gleiche Übungsreihe erfolgt nun etwa 15 Meter vor dem Tor. Die Spieler laufen also parallel zur Torlinie aufeinander zu. Der ballübernehmende Spieler schließt dann mit einem Torschuss aus einer Torentfernung von etwa 12 Metern (Innenspannstoß) ab.
Der Trainer achtet darauf, dass jeder Spieler in den verschiedenen Rollen agiert (Ballübergeber / Ballübernehmer mit Torschuss / Verfolger in der letzten Übungsreihe).

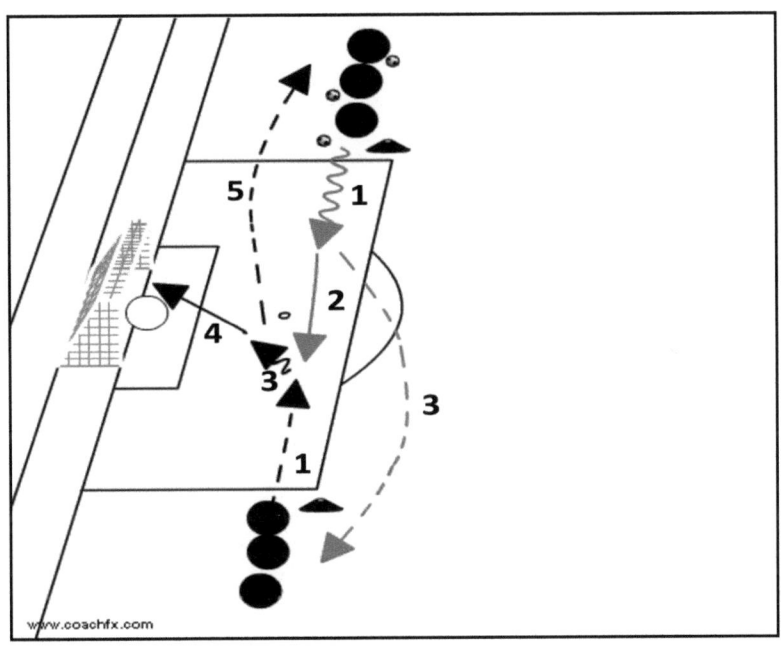

Merke: Die Dauer dieser Übungsreihe ist stark von der Konzentrationsfähigkeit der Kinder abhängig. Dementsprechend muss die Anzahl und die Übungsdauer jeder einzelnen Übung angepasst werden.

Trainingsübungen für Bambini / F-Jugend

- Jetzt veranschaulichen wir eine interessante Übung zur Förderung der fußballspezifischen Ausdauer und des „Freilaufens ohne Ball".

Es wird ein Feld mit der Länge von etwa 25m Länge und 30m Breite markiert.

Auf der einen breiteren Seite steht ein besetztes Jugendtor, auf der gegenüberliegenden Seite werden zwei „Hütchentore" aufgebaut.

Das Feld wird in der Mitte, z.B. mit kleinen Pylonen, geteilt (siehe hierzu auch nächste Abbildung).

Ablauf: Es werden zwei Mannschaften gebildet. Eine besteht nur aus 6 Feldspielern, die die Hütchentore verteidigen, die andere aus 6 Feldspielern und einem Torwart. In jeder Spielfeldhälfte befinden sich drei Feldspieler einer Mannschaft. Die zugeteilten Spielfeldhälften dürfen nicht verlassen werden. Die Mitspieler auf der anderen Seite dürfen, und sollen aber angespielt werden. Gelangt der Ball durch Zufall auf die andere Seite, wird das Spiel natürlich ganz normal fortgeführt.

Logischerweise verteidigt die eine Mannschaft nun die „Hütchentore", und die andere Mannschaft mit Torwart das Jugendtor.

Fällt ein Tor im großen Tor, darf der Torwart die Seite seiner Wahl ins Spiel bringen. Bei einem „Hütchentor" wird die andere Seite ins Spiel gebracht, und zwar durch einen Spieler von der „Hütchentorauslinie".

 # Trainingsübungen für
Bambini / F-Jugend

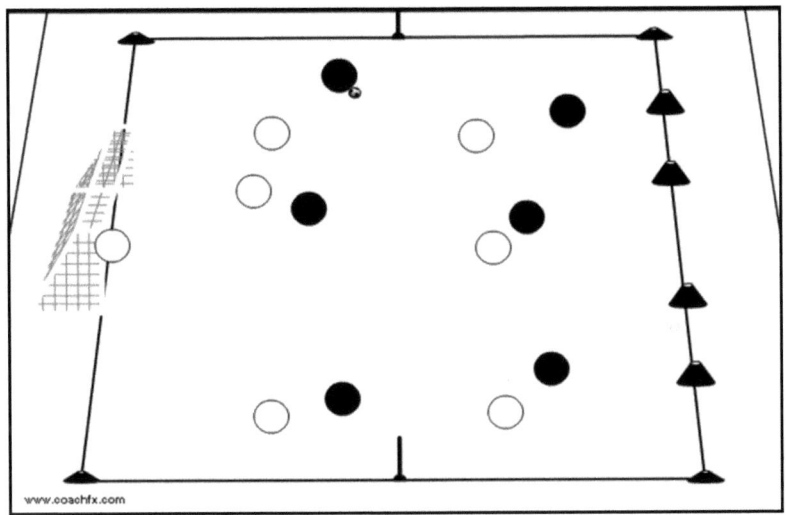

www.coachfx.com

- Es folgt eine **Aufwärmübung mit Training für das Kurzpass-spiel**.

Es werden Zweiergruppen gebildet, die Partner stehen dabei 3 Meter auseinander und einer ist in Ballbesitz. Sie spielen sich nun den Ball mit der linken und rechten Innenseite zu, und laufen dabei langsam rückwärts. Durch die stetig anwachsende Entfernung kann natürlich irgendwann nur noch der stärkere Fuß eingesetzt werden. Sollte nun auch hier einer der Beiden mit seinem Pass den Mitspieler nicht mehr erreichen, laufen die Partner wieder aufeinander zu, bis eine Entfernung von etwa 3 Metern erreicht ist. Danach laufen sie beim Passen wieder rückwärts usw.
Die Übung sollte nur 2 – 4 Minuten gespielt werden.

 # Trainingsübungen für Bambini / F-Jugend

- An dieser Stelle beschreiben wir eine **Torschussübung (F-Junioren) für die Halle**. Zwei Handballtore werden links und rechts an ihrer normalen Position aufgebaut. Jedes Tor wird mit einem Torwart besetzt.

In der Mitte einer Längsseite wird ein kleiner Kasten aufgestellt. Die Kinder stellen sich in drei Gruppen hintereinander und zentral an der anderen Längsseite auf (siehe hierzu die nächste Abbildung).

Außer den Torleuten ist jeder Spieler in Ballbesitz.

Ablauf: Auf ein Trainerkommando dribbeln die „Startschützen" kurz auf ihr vorgegebenes Tor oder den Kasten und schließen mit einem Torschuss ab. Die minimale Torschussentfernung wird dabei markiert.

Nach erfolgtem Torschuss dribbeln die nächsten Fußballer los. Haben alle auf ihr Ziele geschossen, holt sich jeder den Ball zurück, und die Aufgaben werden getauscht usw.

Welche Gruppe erzielt nach mehreren Durchgängen die meisten Tore?

Es empfiehlt sich folgende Schusstechnik vorzugeben:

- Die Fußballer, die von links auf der Abbildung schießen, schließen mit dem linken Innenspann oder mit dem rechten Außenrist ab.

- Die Spieler, die in der Mitte abschließen, tun dies mit der Innenseite oder dem Vollspann.

- Die Gruppe von der rechten Seite, schließt mit dem rechten Innenspann oder dem linken Außenrist ab.

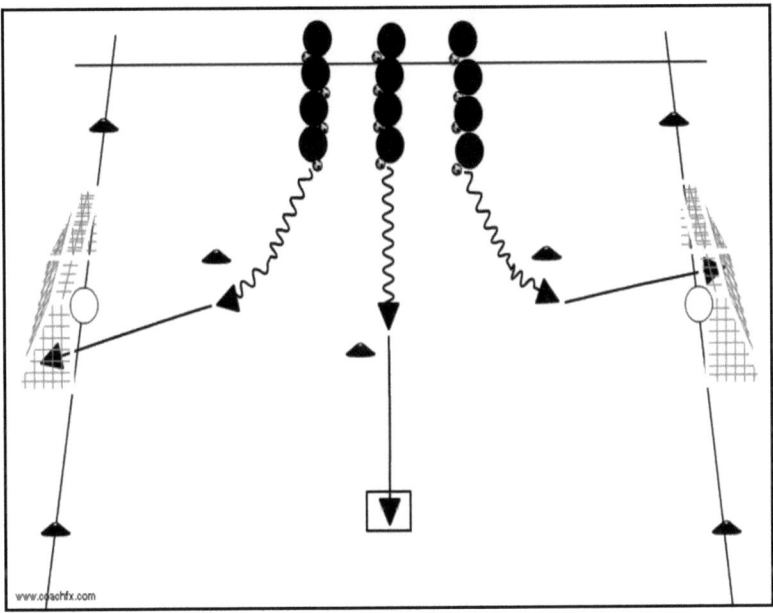

- Wir knallen dem Trainer die Hütte voll.

Der Trainer steht dabei in einem E-Jugendtor. Etwa fünf Meter vom Torpfosten (links und rechts) entfernt, steht jeweils ein Spieler an der Toraußenlinie mit vielen Bällen. Zentral vor dem Tor, mit einem Abstand von etwa 15 Meter zu diesem, stehen die anderen Kinder hintereinander in einer Reihe.
Abwechselnd passen nun die Spieler von der Toraußenlinie einen Ball zentral vor das Tor. Der vorderste Fußballer läuft dem Ball entgegen und soll den Ball mit voller Wucht in die

 # Trainingsübungen für Bambini / F-Jugend

„Maschen" hauen. Der Pass soll dabei so gespielt werden, dass der Schuss aus etwa 10 Metern erfolgt. Der Schütze stellt sich nun hinten an und der Nächste aus der Reihe ist mit dem Schießen dran.

Sind alle Bälle verschossen, werden diese gesammelt und die Passgeber getauscht.

Nach einiger Zeit wird die Schusstechnik immer wieder zwischen Innenseitstoß, Innenspann- und Vollspannstoß gewechselt. Am Ende wird auch der schwache Fuß trainiert.

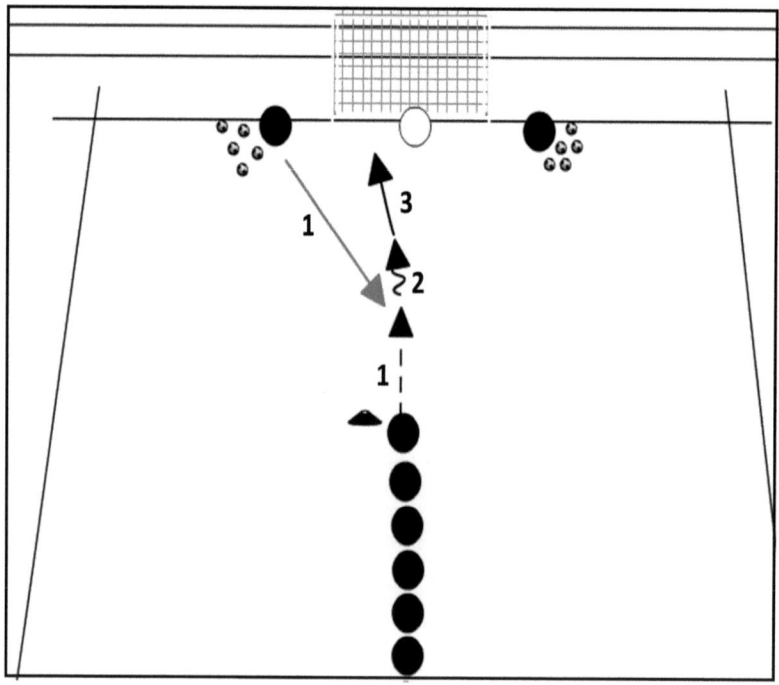

 # Trainingsübungen für
Bambini / F-Jugend

- Wir kommen zu einer spielerischen Trainingseinheit, die die **fußballspezifische Kondition** (hier überwiegend fußballspezifische Ausdauer, Kurzpasstechnik, Dribbling und Finten) hervorragend trainiert.

Zuerst wird ein Spiel auf vier kleine Tore ohne Torwart gespielt. Das Feld ist relativ klein gehalten. Die Spieler müssen also ständig in Bewegung bleiben, permanent von Angriff auf Abwehr, und von Abwehr auf Angriff umschalten.
Das schnelle Passen oder kurze, schnelle Dribblings mit Finten werden hierbei erzwungen. Aufgrund der hohen Belastung wird das Spiel nicht über 10 Minuten ausgedehnt.

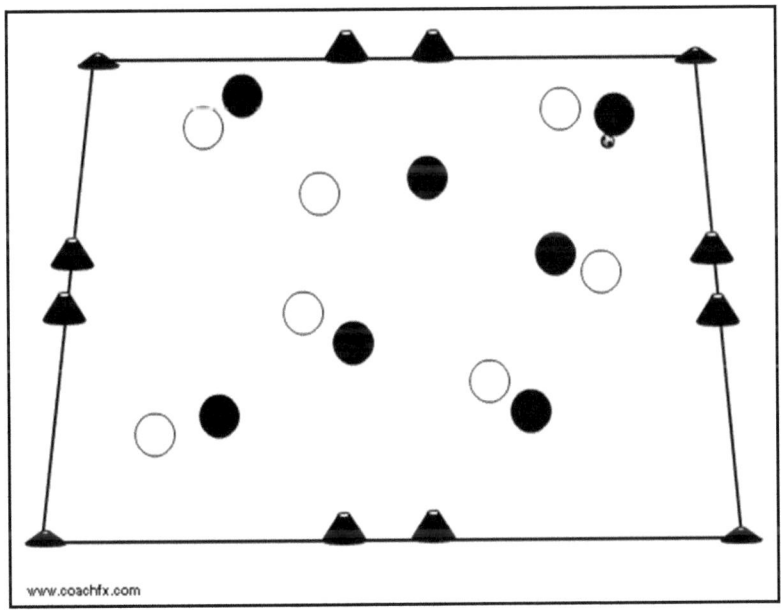

www.coachfx.com

Nach dieser Übung bietet sich ein lockeres Schusstraining an.

Trainingsübungen für Bambini / F-Jugend

Nach der Zwischenübung findet dann ein Abschlussspiel auf einem größeren Platz statt. Wieder wird auf vier Tore gespielt. Diesmal aber auf Jugendtore mit Torleuten besetzt.

Variation: Diesmal spielen alle Kinder, verteilt auf zwei Mannschaften, mit. Zwei Bälle werden eingesetzt, damit mehr Ballkontakte garantiert sind und auch der Spaßfaktor erhöht ist.

Eckballübung

Die beiden Flankengeber stehen mit ihren Bällen weiter vom Tor entfernt an der Toraußenlinie und bringen abwechselnd Eckbälle herein.
Die Entfernung wird so gewählt, dass alle Spieler brauchbare Flanken hereinbringen können. Ein Spieler steht im Tor mit

Unterstützung eines Abwehrspielers. 20 Meter zentral vor dem Tor stehen die Kinder in Zweiergruppen hintereinander. Wenn sie gemeinsam Richtung „Tor" laufen, erfolgt eine Flanke von links oder rechts. Die beiden Spieler sollen nun irgendwie zum Torerfolg kommen (Direktabnahme, Kopfball, Dribbling oder Abspiel), der Abwehrspieler und der Torwart sollen sie daran hindern. Nach dieser Aktion wird der Ball zum Flankengeber zurückgepasst. Das nächste Paar startet und die vorherige Zweiergruppe stellt sich in der Reihe hinten wieder an.

Nach einiger Zeit werden die Positionen natürlich wieder getauscht.

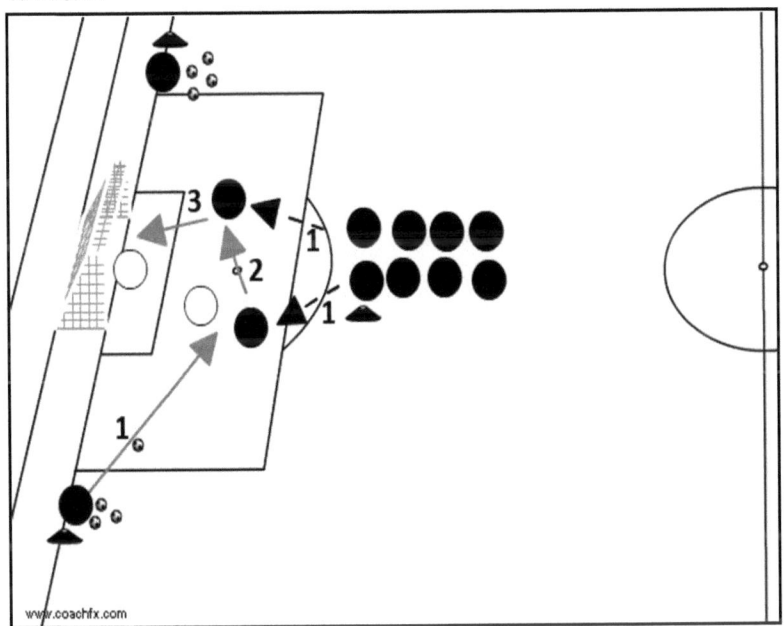

Flankenübung

Es werden 3 Gruppen gebildet, wobei die Positionen nach einiger Zeit getauscht werden. Die Spieler in der Mitte erhalten jeweils einen Ball. Der erste Spieler mit Ball spielt diesen in den Lauf des Flankengebers. Dieser durchdribbelt den Hütchenparcour, dribbelt weiter bis zur Toraußenlinie und flankt den Ball auf den mitgelaufenen Mittelspieler. Dieser versucht, die Flanke zu verwerten. Jetzt erfolgt die nächste Flanke von der anderen Seite, usw.

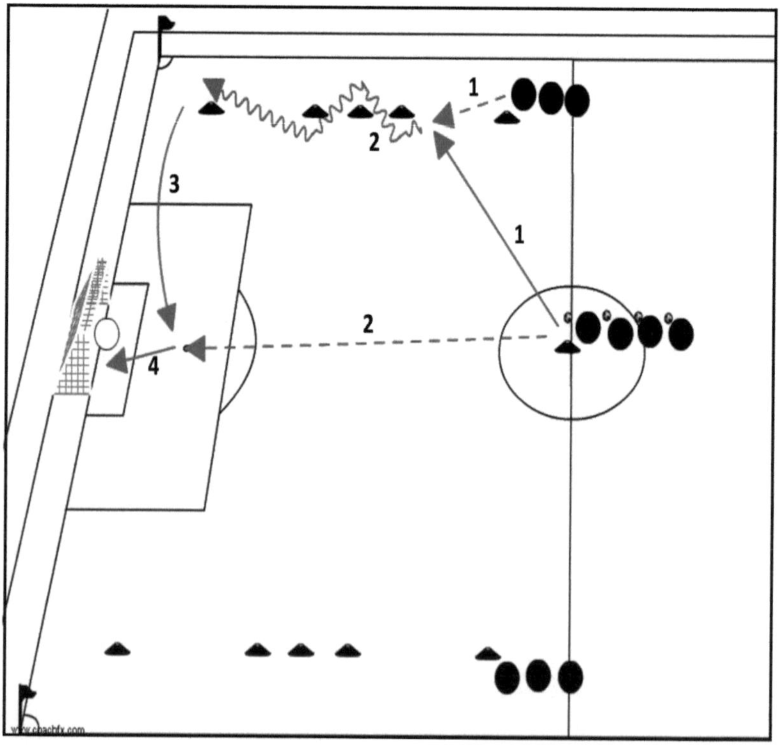

# Trainingsübungen für
Bambini / F-Jugend

Übungsreihe in Bezug auf Stoppen, Kurzpass und Einwurf ab der F-Jugend

Die Übungen sollten nacheinander abgehandelt werden:

1. Es werden Zweiergruppen gebildet mit je einem Ball. Diese werfen sich den Ball abwechselnd zu. Aufgabe ist es, den Ball mit Bein, Brust oder Kopf sicher zu stoppen.

2. Beide schießen sich den Ball hoch, halbhoch und flach zu. Der Ball soll wieder sicher gestoppt werden.

3. Jetzt werfen sie sich den Ball abwechselnd per Einwurf zu, und nehmen den Ball sicher an.

4. Der Ball wird von unten zugeworfen, vom Partner gestoppt und einige Meter nach links oder rechts geführt usw.

5. Der Ball wird wieder geschossen, gestoppt, und einige Meter nach links oder rechts geführt.

6. Die gleiche Übung wird mit Einwurf wiederholt.

7. Der Ball wird von unten zugeworfen und mit der Innenseite, Vollspann, Brust oder Kopf zurückgespielt.

8. Die gleiche Übung wird mit Einwurf wiederholt.

9. Zwei Spieler schießen sich den Ball aus 5 – 10 Meter Entfernung direkt mit dem Innenseitstoß zu.

10. Gleiche Übung, aber jetzt laufen die Partner gleichzeitig vor oder zurück.

Kopfballspiel (ab F-Junioren)

Das Erlernen des Kopfballs wird mit Volleybällen oder anderen leichten Bällen eingeführt. Das soll den Kindern die Angst nehmen und Schmerzen sowie Verletzungen vermeiden.

Denken wir nur daran, dass am Anfang der Ball sehr oft nicht mit der Stirn getroffen wird, und dass Nasentreffer sehr unangenehm sind und bis zu Nasenbluten führen können.

- Die Fußballer werfen den Ball hoch und köpfen einmal oder mehrmals hintereinander.

- Die Spieler werfen sich gegenseitig den Ball zu und köpfen zurück.

- Jetzt wird versucht in der Zweiergruppe, direkt hin- und herzuköpfen.

- Die Übung wird zur Dreiergruppe ausgedehnt.

- Ein Spieler steht auf der Torlinie, der andere 6 – 7 Meter entfernt. Der Spieler im Tor wirft den Ball zu, der andere versucht ins Tor zu köpfen.

- Ein dritter Fußballer kommt hinzu. Er wirft den Ball von der Seite und der Spieler vor dem Tor versucht, den Ball ins Tor zu köpfen.

Grundlagen-Schusstraining (ab F-Junioren)

- Die Spieler laufen auf das Tor zu und schießen aus 10 – 14 Metern auf das Tor. Der Anlauf beträgt etwa 10 Meter. Alle Schusstechniken werden mit beiden Beinen trainiert, aus allen möglichen Winkeln.

- Die Fußballer laufen 2 – 3 Meter mit Ball, spielen den Ball frontal vor dem Tor (etwa 10 Meter) einem Partner zu, der lässt abklatschen und der Schuss folgt.

- Die vorigen Übungen, allerdings üben wir jetzt mit einem relativ passiven Gegenspieler.

- In einer Zweiergruppe werfen oder schießen die Spieler sich den Ball zu, der Ball wird in Laufrichtung gestoppt und einige Meter geführt. Dabei wird mit dem linken Fuß auf die rechte Seite gestoppt und mit rechts geführt und umgekehrt.

- Ein Spieler wirft oder schießt die Bälle zu, die anderen führen die vorige Übung durch, mit abschließendem Torschuss.

 # Trainingsübungen für
Bambini / F-Jugend

Dribbeltraining

Drei Spieler stehen jeweils hintereinander, der Vordere ist in Ballbesitz und steht neben einer Pylone. Acht Meter von dem jeweiligen Startdribbler entfernt steht eine „Wendepylone".
Er dribbelt zu diesem Hütchen, zieht den Ball dort mit der Sohle zurück, dribbelt wieder zum Starthütchen. Hier übergibt er den Ball und stellt sich hinten an.
Zuerst soll die komplette Übung ausschließlich mit dem rechten Fuß durchgeführt werden, nach zwei bis drei Wiederholungen wird nur der linke Fuß eingesetzt.

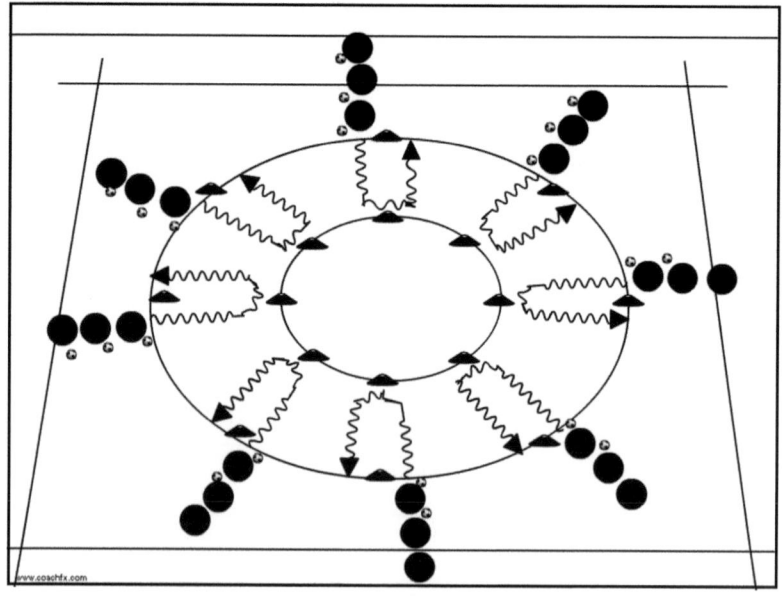

Danach erfolgt eine Variation der Übung. Die Spieler sollen sich komplett um das Hütchen mit enger Ballführung drehen. Auch hier wird die Übung anfangs nur mit dem rechten Fuß

geübt, einmal erfolgt die Drehung im Uhrzeigersinn, dann entgegengesetzt.
Nach einigen Wiederholungen ist der linke Fuß dran.

Zum Abschluss ist natürlich ein Wettkampf an der Reihe, mit Drehung in beliebiger Form um die Pylone. Jeder Spieler muss zweimal an den Start gehen.

 # Konditionsübungen für Bambini / F-Jugend

Die Kondition setzt sich aus fünf motorischen Hauptbeanspruchungsformen zusammen:

- Schnelligkeit
- Kraft
- Ausdauer
- Koordination
- Flexibilität

Alle diese Komponenten werden sportartspezifisch trainiert. Ein Gewichtheber setzt natürlich den Trainingsschwerpunkt auf Kraft- und Schnellkraftübungen. Der Fußballspieler trainiert hingegen überwiegend die fußballspezifische Ausdauer, Antrittsschnelligkeit, fußballspezifische Koordination und Technik.

Die Kondition wird bei den Bambini und F-Junioren überwiegend in Kleinfeldspielen trainert. Andere Trainingsformen stellen wir anschließend kurz vor, die im Bambini- und F-Jugendbereich durchaus eingesetzt werden können. Wir müssen hier aber ausdrücklich betonen, dass bei allen Trainingsübungen bereits Bereiche der fußballspezifischen Kondition mittrainiert werden.

- Ausdauer
Bei den Bambini und F-Junioren wird kein spezielles Ausdauertraining durchgeführt. Hier gibt es keine Rundenläufe auf der Aschenbahn, kein Fahrtspiel, keine Minuten- oder Waldläufe usw.

Konditionsübungen für Bambini / F-Jugend

- Kraft
Logischerweise wird im Training nie ein Krafttraining einge-baut.

- Schnelligkeit
Diese wird in der Regel spielerisch mit kleinen Laufübungen und leichten Sprungübungen trainiert. Die Schnelligkeitsausdauer wird bei den Bambini nicht speziell trainiert, bei den F-Junioern selten und nur über relativ kurze Strecken. Lange Sprints über 50 Meter oder sogar 100 – 400 Meter Läufe werden nie verlangt.

- Flexibilität
In dieser Altersgruppe wird kein spezielles Beweglichkeitstraining absolviert. Die Kleinen trainieren durch das normale Fußballtraining ihre Flexibilität schon op-timal.

- Koordination
Auch die Koordination und die Technik (Koordination in Verbindung mit dem Spielgerät „Ball") werden in dieser Altersgruppe überwiegend spielerisch geschult.

Übung zur Schulung der Reaktions- und Antrittsschnelligkeit für Bambini- und F-Junioren ohne Ball

Die hier beschriebene Übung kann und sollte durchaus im Bambini- und F-Jugendtraining eingesetzt werden.

109

Konditionsübungen für Bambini / F-Jugend

Übungsablauf: Die kleinen Fußballer sitzen nebeneinander in einer Reihe. Der Abstand zu den Nachbarn beträgt etwa einen Meter. Auf ein Trainerkommando sprinten die Spieler in eine Zone die 10 – 15 Meter vor ihnen liegt. Der Anfang der Zone wird z.b. durch eine normale Spielfeldlinie festgelegt. Sofort hinter dieser Linie sollen sie sich wieder setzen. Wer sitzt als erster Sprinter hinter der Linie?

- Beim nächsten Durchgang liegen die Kinder auf dem Bauch und der gleiche Wettkampf wird durchgeführt, während der dritten Runde liegen sie auf dem Rücken usw.

- Beim letzten Durchgang laufen alle Kinder rückwärts um die Wette in die andere Zone. Dieser abschließende Wettkampf sollte nur auf einem Rasenplatz ausgetragen werden, da ein Sturz auf einem harten Boden Verletzungen mit sich führen kann. Wir denken hier an einen Sturz auf den Hinterkopf.

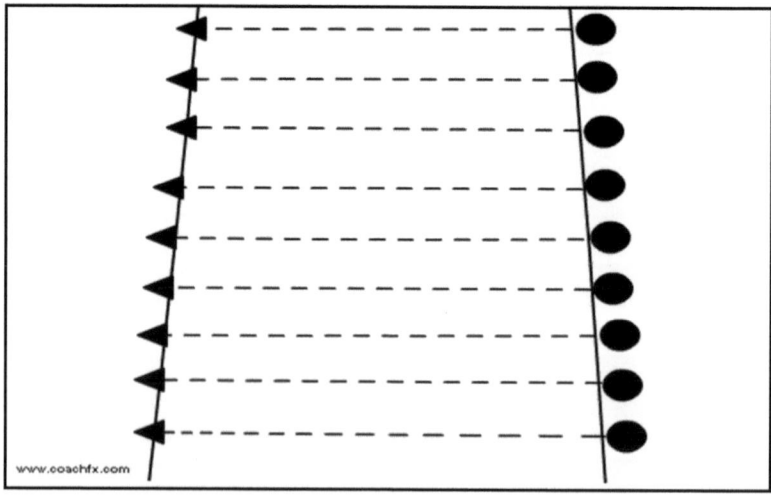

Konditionsübungen für Bambini / F-Jugend

Die folgenden Übungen werden frühestens ab der F-Jugend eingebaut.

1. Es werden zwei Mannschaften gebildet, die nebeneinander etwa mit einem Abstand von 5 Meter stehen. Die ersten Läufer der jeweiligen Mannschaft stehen jeweils 20 Meter mit festen Markierungen auseinander, die gegnerische Mannschaft parallel dazu.

Auf Kommando des Trainers oder der Trainerin laufen die Startläufer der beiden Mannschaften los. Die Markierungen befinden sich etwa 2 Meter vor jedem Läufer (z.B. zwei kleine Pylonen parallel und ein Meter auseinander).

Sobald ein Läufer durch die beiden Pylonen läuft, ruft er „LOS" und der Nächste startet.

Die Mannschaft, die den letzten Läufer am schnellsten durch das letzte Pylonenpaar bekommt, ist natürlich Sieger.

Hierbei wird die Sprintbeschleunigung und die Reaktionsschnelligkeit auf ein akustisches Signal hin trainiert.

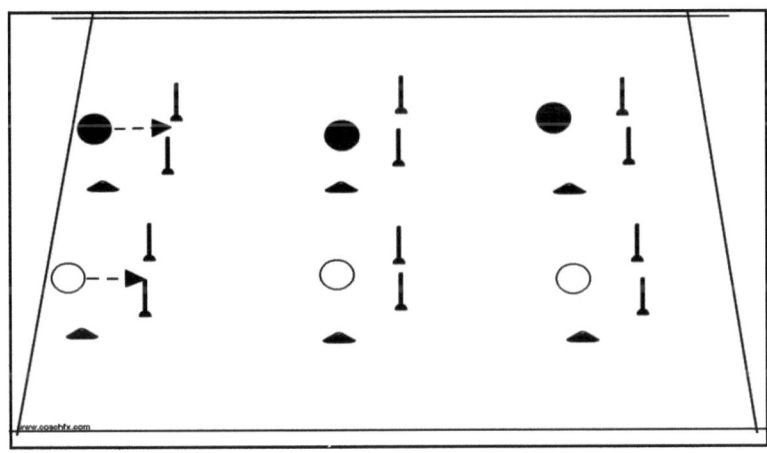

2. Jetzt liegen alle Läufer in gleicher Entfernung zueinander. Der Startläufer läuft wieder auf ein Kommando los. Erst, wenn er den folgenden Sprinter auf den Rücken klopft, darf dieser aufspringen und starten usw. (Training der Sprintbeschleunigung und der Reaktionsschnelligkeit auf ein taktiles Signal hin).

3. Gleiche Übung, aber jetzt dürfen die Läufer erst loslaufen, wenn der eigene Läufer an ihnen vorbeigelaufen ist. Alle Sprinter dürfen nur ganz nach vorn schauen (hierbei wird die Sprintbeschleunigung und die Reaktionsschnelligkeit auf ein visuelles Signal hin trainiert).

4. Ein letztes Mal wird der Wettkampf durchgeführt, aber jetzt in einer echten Staffelform (keinen harten Gegenstand verwenden, wir reduzieren jedes Risiko eines Unfalls). Der Startläufer läuft wieder los und muss in einem Raum von etwa 5 Meter Länge z.B. ein Band an den Nächsten übergeben usw. Der übernehmende Läufer soll schon starten bevor er das Band bekommt, damit er schneller mit diesem weiterlaufen kann (wie eine echte Leichtathletikstaffel). Alles muss aber in dem abgesteckten Raum ablaufen (Training der Sprintbeschleunigung und der Grundschnelligkeit).

Konditionsübungen für Bambini / F-Jugend

Übung zur Schulung der fußballspezifischen Ausdauer, Technik etc.

Die nun beschriebene Übung kann bereits ab Bambini gespielt werden. Es wird ein Kleinfeld abgesteckt mit zwei Jugendtoren. Die Größe des Feldes richtet sich nach der Spieleranzahl. Es werden zwei Mannschaften gebildet, die außer dem Torwart durchnummeriert werden. Die Torleute und die Spieler mit der Nummer 1 und 2 jeder Mannschaft stehen direkt auf dem Spielfeld und spielen ganz „normal" 60 Sekunden gegeneinander. Die anderen Fußballer stehen hinter ihrem eigenen Tor und warten auf ihren Einsatz. Geht der Ball ins Aus, sorgt der Trainer oder die Trainerin sofort für einen Ersatzball. Spielpausen sollen somit weitgehend vermieden werden. Ecken, Einwürfe, Freistöße usw. werden ganz normal ausgeführt. Bei einem Torerfolg wird auf einen Anstoß von der Mittellinie verzichtet. Der besiegte Torwart befördert den Ball direkt wieder zu seinen Mitspielern.

Nach genau 60 Sekunden ruft der Trainer „3", und die beiden Spieler mit dieser Nummer unterstützen nun aktiv ihre Mannschaften. Nach weiteren 60 Sekunden ruft der Trainer „4" usw. Sind nun alle Spieler auf dem Spielfeld wartet der Trainer/in wieder 60 Sekunden. Jetzt ruft er „1", und die bertreffenden Spieler verlassen das Feld. Nach dem nächsten Zeitintervall ruft er „2" und die Spieler mit der Nummer 2 verlassen den Platz. Alle anderen „Nummern" werden so minutenweise in umgekehrter Reihenfolge vom Platz gerufen.

Konditionsübungen für
Bambini / F-Jugend

Die letzten beiden Feldspieler spielen dann noch 60 Sekunden gegeneinander, und das Spiel wird schließlich beendet.

In einem zweiten Durchgang werden die Torleute getauscht, und die Nummern anders vergeben. Nach unserer Erfahrung bereitet diese Spiel den Kindern immer eine riesige Spielfreude.

Literaturverzeichnis

Schnepper W. / Claßen M.:
Bambini / F-Jugendtraining: 20 komplette Trainingseinheiten,
BOD, 2013

Schnepper W. / Claßen M.:
F-Jugend / E-Jugendtraining: 20 kompl. Trainingseinheiten,
BOD, 2013

Schnepper W. / Claßen M.:
E-Jugend / D-Jugendtraining: effektive Übungen, BOD, 2014

Claßen, M. / Schnepper, W.:
Taktiktraining im Jugendfußball, BOD, 2011

Claßen, M. / Schnepper, W.:
Taktiktraining im Jugendfußball 2, BOD, 2012

Claßen, M. / Schnepper, W.:
Pressing mit System, BOD, 2012

Claßen, M. / Schnepper, W.:
Spielsysteme im Fußball: Training der Formationen, BOD,
2013

Claßen, M. / Schnepper, W.:
Konter im Fußball: Kleine Übungsreihe, BOD, 2013

Notizen